*Über dieses Buch* Das Vertrauen in die Kraft von Vernunft und Aufklärung ist heute vielfältig gebrochen. Kritik an der abendländischen Rationalität ebnet neuen Mythologisierungen den Weg. Auch die Institutionalisierung der Psychoanalyse birgt die Gefahr, daß sich Aufklärung wieder regressiv in Mythologie verwandelt. In diesem Spannungsfeld ist die Studie von Rolf Vogt angesiedelt. Im ersten Teil sucht der Autor einen übergreifenden Begriff des Mythos zu gewinnen. Im zweiten Teil gibt er eine psychoanalytische Deutung des berühmten Sphinx-Rätsels, der Sphinx selbst und des Rätsels, das sie Ödipus aufgibt. Im dritten Teil konfrontiert der Autor die Ödipus-Sphinx-Situation mit der Entstehung der Psychoanalyse: Ödipus Freud löst das Rätsel der Sphinx und entdeckt den Zugang zum Unbewußten. »In der Art, wie Freud sich dem Unbewußten nähert, erweist er sich als mythischer Doppelgänger von Ödipus« (Rolf Vogt).

*Der Autor* Rolf Vogt, Jg. 1939, ist praktizierender Psychoanalytiker und Professor für Psychologie an der Universität Bremen.

Rolf Vogt

# Psychoanalyse zwischen Mythos und Aufklärung

oder

Das Rätsel der Sphinx

Fischer
Taschenbuch
Verlag

Ungekürzte Ausgabe
Veröffentlicht im Fischer Taschenbuch Verlag GmbH,
Frankfurt am Main, September 1989

Lizenzausgabe mit freundlicher Genehmigung des
Campus Verlag, Frankfurt am Main und New York

Umschlaggestaltung: Buchholz/Hinsch/Hensinger
Satz: Spiegel & Meik, Marburg
Druck und Bindung: Clausen & Bosse, Leck
Printed in Germany
ISBN 3-596-26642-4

**Inhalt**

## Vorwort

Das Verhältnis der Psychoanalyse zum Mythos war und ist bis auf den heutigen Tag ein halbherziges und wenig geklärtes. Schematisiert stellt sich der Beginn der Psychoanalyse so dar, daß Freuds intensive Konfrontation mit der Neurose ihn zu einer vertieften Selbsterfahrung (Selbstanalyse) zwang, wobei sich zwischen Selbst- und Fremderfahrung Übereinstimmungen ergaben, die mit einem dritten Moment, dem Ödipusmythos in der Fassung von Sophokles, koinzidierten. Die mythologischen Relationen dienten einerseits als Heuristik für ein differenzierteres Verstehen des eigenen und fremden Seelenlebens, durchbrachen andererseits aber durch ihre Kollektivität und zeitliche Tiefenstruktur den individualpsychologisch-klinischen Rahmen und machten die Psychoanalyse damit von Anfang an auch zu einer Gesellschaftstheorie, die Kultur unter dem die Triebe strukturierenden Prinzip von Verwandtschaftsbeziehungen untersucht. Die so gewonnenen Ergebnisse erfuhren über vielfältige klinische Empirie eine weitere Differenzierung und erlaubten dadurch wiederum ein besseres Verständnis des Mythos und anderer sozialer Phänomene und vice versa. Es entstand also ein *hermeneutischer Zirkel*, der die Psychoanalyse nicht aus ihrer mythologischen Dimension entläßt. Freud hat diese Verhältnisse nie methodisch reflektiert, sondern war trotz seines naturwissenschaftlichen Selbstverständnisses durchaus imstande, auch einen »wissenschaftlichen Mythus«, wie zum Beispiel den von der Urhorde, zu erfinden, wenn er glaubte, ihn zu brauchen. Selbst einem für seine Theorie so zentralen Thema wie dem Ödipusmythos schenkte er erstaunlich wenig Beachtung.

Bei seinen Schülern findet sich schon ein Selbstverständnis, das glaubt, mit beiden Beinen jenseits des Mythos zu stehen und diesen aus einer unabhängigen Position interpretieren zu können. Fasziniert von einer kollektiven Symbolik, die Parallelisierungen zwischen klinischer Empirie und kulturellen Phänomenen aus den verschiedensten Zeitepochen und Gesellschaften zu erlauben schien, gingen sie wieder an den Ödipusmythos heran.

Dabei galt ihr Interesse – was kritisch zu vermerken ist – eher der Widerspiegelung ihrer klinischen Theorien im Mythos als diesem selbst. Bemerkenswerterweise gibt es trotz der zentralen Bedeutung des Ödipusmythos für die Psychoanalyse bis heute keine systematische psychoanalytische Interpretation dazu. Die meisten Deutungen haben die Version von Sophokles zum Inhalt, während andere Varianten nur in eklektischer Weise Berücksichtigung fanden.

Der Untertitel dieses Buches: *Das Rätsel der Sphinx* wiederholt absichtlich Géza Róheims Buchtitel: *The Riddle of the Sphinx* (1934), da dieser nur metaphorisch gemeint ist, während der Inhalt des Werkes sich mit allgemeiner psychoanalytischer Anthropologie befaßt. Die Psychoanalytiker haben also gegenüber der Sphinx und ihrem Rätsel noch etwas nachzuholen, was ich hiermit versuche.

Meine Abhandlung gliedert sich in drei Abschnitte:

In Teil I versuche ich in Auseinandersetzung mit Nietzsche, Horkheimer und Adorno, Kolakowski und Blumenberg einen übergreifenden erkenntniskritisch akzentuierten Begriff des Mythos zu gewinnen und ihn mit der entsprechenden psychoanalytischen Auffassung zu vergleichen. Der so erweiterte Reflexionsraum erlaubt es, die Besonderheit und Begrenzung psychoanalytischen Mythenverständnisses genauer zu fassen. Damit werden auch die Übergänge einer psychoanalytischen Mytheninterpretation, deren traditionelle Ausrichtung weitgehend der klinischen Immanenz verhaftet geblieben ist, zu einer historischen und erkenntnistheoretischen Deutung methodisch transparenter.

In Teil II versuche ich, eine psychoanalytische Deutung des Sphinx-Rätsels zu geben, die in systematischer Weise alle antiken griechischen Versionen der Ödipus-Sphinx-Thematik einbezieht, wie sie in Literatur und bildender Kunst repräsentiert sind. Das Rätsel der Sphinx verstehe ich im doppelten Sinn: einmal als das, was sie aufgibt, dann als das, was sie selbst ist. Die Deutung wird auf historischem und erkenntnistheoretischem Niveau weitergeführt, wodurch sie Anschluß gewinnt an den im Teil I entwickelten kritischen Begriff des Mythos, das ist die historische Dialektik von Mythos und Aufklärung.

In Teil III fasse ich die Grundlegung der Psychoanalyse durch Freud als Fortsetzung des Ödipusmythos auf, wobei sich das schon den antiken Versionen inhärente Aufklärungsmoment radikal nach der selbstreflexiven Seite hin entfaltet. Anhand des Briefwechsels mit Fließ, der *Traumdeutung* und anderer Frühschriften Freuds versuche ich zu belegen, daß er in seiner Konfrontation mit dem Unbewußten die Ödipus-Sphinx-Szene als mythischen Doppelgänger von Ödipus reproduziert. Die Psychoanalyse ist der Übergang des Ödipusmythos in Aufklärung. »Ödipus« Freuds Antwort auf das Rätsel der Sphinx (= das Unbewußte) ist – anders als die seines antiken Vorgängers – eine selbstreflexive, nämlich seine Selbstanalyse, was einen epochalen Schritt in der Geschichte des menschlichen Bewußtseins bedeutet.

Bezogen auf die klinische Situation intensivierte sich im Verlauf der Entwicklung der selbstreflexive Impuls durch den konsequenten Einbezug der Gegenübertragung. Damit verband sich aber gleichzeitig auch ein Rückzug von den kulturkritischen Aspekten der Freudschen Psychologie, so daß die klinische Ausrichtung zunehmend eine Abwehrbedeutung gegen die Angst und Unsicherheit erregenden Seiten psychoanalytischer Kulturtheorie annahm. Dadurch beraubte sich die Psychoanalyse des kritischen Rahmens, der ihr eine wirkungsvollere Reflexion der Folgen ihrer Institutionalisierung erlaubt hätte, die einerseits zwar zur Selbsterhaltung notwendig ist, andererseits aber im selben Atemzug zur Selbstzerstörung ihres aufklärerischen Impulses führt. Das äußert sich als Umkehrung der Zweck-Mittel-Relation. An die Stelle von reflektierten Verhältnissen treten undurchschaubare Machtstrukturen. Das ursprüngliche Ziel der Psychoanalyse, Emanzipation aus irrationalen Gewaltzusammenhängen, beginnt in ihr Gegenteil umzuschlagen. Aufklärung kann sich nicht als die ein für alle Mal vollzogene und mit Idealisierung erinnerte Tat eines einzigen Pioniers am Leben erhalten, sondern ist ein ständiger mühevoller Prozeß, der sich nicht in einer zum Ritual erstarrten Nachahmung des Gründerheros erschöpft, sondern sich das innerste Prinzip von dessen Handeln zu eigen macht und es fortführt, nötigenfalls auch gegen den Gründer selbst, sobald er dieses Prinzip verletzt. Die in der institutionalisierten Psychoanalyse geronnene

Aufklärung verliert zunehmend ihre Fähigkeit, die ihrem emanzipatorischen Ziel gegenläufige Tendenz zur Etablierung irrationaler Hierarchisierung in ihre Reflexion aufzunehmen und ihr wirkungsvoll zu begegnen.

Damit verwandelt sich Aufklärung wieder regressiv in Mythologie. Die mythischen Kategorien: Kreislauf, Schicksal, Herrschaft, unabänderliche Notwendigkeit kehren in versteckter Form wieder und erscheinen in der Pseudorationalität des Institutionalisierungsprozesses als unabänderliche Sachzwänge, denen der einzelne gegen sein besseres Wissen glaubt folgen zu müssen, als sterile Stereotypie sich wiederholender Abläufe und schließlich als sich selbst verabsolutierende Faktizität von Verhältnissen, deren Genese undurchschaubar bleiben soll. Es entsteht also eine neue Unbewußtheit, gegen die das Instrument der nur klinischen Psychoanalyse in entscheidender Hinsicht stumpf bleibt.

Die institutionalisierte Psychoanalyse verwandelt sich wieder zurück in die Sphinx, unnahbar, drohend, Individuation und Emanzipation verschlingend.

Mein besonderer Dank gilt meinen Lehranalytikern Ilse von Kries und Wolfram Lüders, den Bremer Studenten für ihre fordernden Diskussionen, Birgit Volmerg und Thomas Leithäuser für ihre klärenden Gespräche, meinen drei Söhnen für ihr Verständnis, Anni Hohmann für das Erstellen des Typoskripts, und vor allem Barbara Vogt-Heyder für ihre konstruktive Kritik und Ermutigung.

# Einleitung

> Die Urgründe der Menschenseele sind zugleich auch Urzeit, jene Brunnentiefe der Zeiten, wo der Mythus zu Hause ist und die Urnormen, Urformen des Lebens gründet. Denn Mythus ist Lebensgründung; er ist das zeitlose Schema, die fromme Formel, in die das Leben eingeht, indem es aus dem Unbewußten seine Züge reproduziert.
>
> *Thomas Mann*

Die Psychoanalyse wird in grundlegender Weise repräsentiert durch zwei Gestalten der griechischen Mythologie: Ödipus und Narziß. Von Ödipus wird hier explizit die Rede sein, dabei wird Narziß aber nicht ausgespart bleiben.

Freuds Formulierung des »Kernkomplexes« durch den Mythos von Ödipus, genauer gesagt, durch die Version, die Sophokles in seinem Drama *König Ödipus* davon gab, erweist sich als exemplarischer Fall einer geglückten Namengebung. Das Verpönte, angsterregend Neue und Revolutionäre zeigt sich darin gleichzeitig als Altes, das auf einem längst vergangenen Gipfelpunkt europäischer Kultur einen ebenso sublimen wie scheinbar offenen Ausdruck gefunden hat. Der Brückenschlag über 2400 Jahre zurück zu Sophokles erfolgt sehr schnell und erweckt den Eindruck, als habe dieser Rekurs auf das Ödipusdrama Freud geholfen, die große Bedeutung des Inzestthemas wahrzunehmen und in den Zusammenhängen von Fremd- und Selbsterfahrung zu formulieren. Zumindest scheint das die vielzitierte, in der *Traumdeutung* wiederholte Stelle in dem Brief an Fließ vom 27. 10. 1897 (Freud 1950: 238) nahezulegen, wo Freud seine ebenso spontane wie tiefe, sein ganzes Leben andauernde Identifikation mit Ödipus zu erkennen gibt. Er verfolgt »die packende Macht des Königs Ödipus« nicht weiter auf dem Terrain griechischer Mythologie, sondern auf der Ebene klinischer

Erfahrung, wo er seine anfängliche Annahme, es handele sich hierbei um ein allgemein menschliches Phänomen, zunehmend bestätigt sieht.

Nach einem Jahrzehnt klinischer Empirie wenden sich die Schüler Freuds, wieder dem Ödipusmythos zu (Abraham 1909, Ferenczi 1912, Jung 1912, Rank 1912, Reik 1920, Róheim 1934) um im Lichte erweiterten klinischen und ethnologischen Wissens Interpretationen dazu zu geben. Dabei scheint sich Freuds schnelle und intuitive Bezugnahme auf den griechischen Mythos immer mehr als ein Griff ins Volle zu erweisen.

Bei allem Verdienst, das diesen Interpretationen zukommt, ist doch kritisch zu vermerken, daß ihre Zielrichtung nicht dahin geht, den basalen Mythos der Psychoanalyse als solchen zu deuten. Freuds Schüler suchen eher die Widerspiegelung der klinischen Theorien im Mythos als den Mythos selbst. Die Haupttriebfeder ihrer Bemühungen ist die Faszination durch die kollektive Symbolik, welche Parallelisierungen zwischen Traum, Kasuistik, Mythologie und anderen kulturellen Phänomenen aus den verschiedensten Zeiten und Gesellschaften zu erlauben scheint. Diese Tendenz geht so weit, daß in Róheims Buch *The Riddle of the Sphinx*, 1934, weder von der Sphinx noch von ihrem Rätsel viel die Rede ist. Von 271 Seiten des Buches befassen sich etwa 4 Seiten mit der Sphinx. Der ganze übrige Raum bleibt kulturhistorischen und ethnologischen Betrachtungen vorbehalten. Weit entfernt von Eriksons skeptischer Feststellung, der Kernkonflikt der Psychoanalyse und der Mythos von Ödipus seien »eine Analogie zwischen zwei Unbekannten« (1964: 81), wird der Ödipusmythos in der psychoanalytischen Literatur behandelt, als sei er etwas durch und durch Vertrautes, über das man kein weiteres Wort mehr verlieren müsse. Wie wenig begründet diese weit verbreitete Meinung ist, geht schon daraus hervor, daß es bis heute keine systematische psychoanalytische Interpretation des Ödipusmythos gibt. Alle bisherigen psychoanalytischen Deutungen dazu haben lediglich Teilaspekte des Mythos, besonders die Version des Sophokles, zum Inhalt, während ein Mythos – hier folge ich den Auffassungen von Lévi-Strauss (1958) und Kerényi (1958) – aus *allen* seinen Versionen besteht. Eine systematische Interpretation müßte demnach – wenn sie sich auf den namengebenden griechischen

Ursprungsraum beschränken will – alle griechischen Versionen des Ödipusmythos von der archaischen bis zur späthellenistischen Epoche behandeln.[1] Weshalb das bis heute noch nicht geschah, trotz der zentralen Bedeutung[2] des Ödipusmythos für die Psychoanalyse, ist ein sehr erstaunlicher Umstand, der selbst einer Erklärung bedürfte. Abgesehen von seinen tieferen Gründen geht dieser Mangel auch darauf zurück, daß die Psychoanalyse in ihrem Umgang mit dem Mythos bisher zu sehr in der klinischen Immanenz blieb und keinen übergreifenden kritischen Begriff dazu entwickeln konnte. Ein solcher würde mehr Licht auf den mythologischen Kern ihrer Grundannahmen werfen.

Mein Interpretationsversuch, der keine Remythologisierung der Psychoanalyse intendiert, gliedert sich in folgende drei Teile:

1. In Auseinandersetzung mit den Auffassungen von Nietzsche, Horkheimer und Adorno, Kolakowski, Blumenberg und Freud versuche ich einen historisch-erkenntniskritisch akzentuierten Begriff des Mythos zu entwickeln..
2. Anschließend gebe ich zum Rätsel der Sphinx eine psychoanalytische Interpretation mit historischen und erkenntnistheoretischen Erweiterungen, die alle überlieferten griechischen Versionen dazu verarbeitet.
3. Schließlich verknüpfe ich den durch die Interpretation des Sphinxrätsels entfalteten Teilaspekt des Ödipusthemas mit dem kritischen Begriff des Mythos und konfrontiere damit Freuds Grundlegung der Psychoanalyse.

# I

# *Der Mythos, Versuch einer begrifflichen Annäherung*

## Zur phänomenologischen Definition des Mythos

Homer verwendet in seinen beiden Epen drei verschiedene Bezeichnungen für Wort: Epos, Logos und Mythos.

Nach den Darlegungen von W. F. Otto ist Epos »das Wort von der Stimme her als das Gesprochene ... Logos vom Verstehen und Beachten her als das Bedachte«, Mythos aber ist »im Vergleich mit dem Logos nicht bloß der ältere Ausdruck, sondern es entspricht einem älteren Begriff vom Wesen des Wortes; es ist das ›Wort‹ als unmittelbares Zeugnis dessen, was war, ist und sein wird, als Selbstoffenbarung des Seins in dem altehrwürdigen Sinn, der zwischen Wort und Sein nicht unterscheidet.« (W. F. Otto 1974: 71)

Nach Eliade (1961: 11-13) ist der Mythos eine schöpferische und vorbildliche Selbstoffenbarung eines »ursprünglichen Ereignisses, welches entweder eine Struktur der Wirklichkeit oder ein menschliches Verhalten begründet hat; woraus folgt, daß von der ihm eigenen Seinsweise her der Mythos nicht teilbezogen, privat, persönlich sein kann«. Er offenbart das »Dasein und Wirken übermenschlicher Wesen ..., die sich in *vorbildhafter* Weise verhalten, was auf der Ebene des primitiven Geistes heißt: *Sich in allgültiger Weise verhalten*, denn ein Mythos wird Modell für die ›ganze Welt‹ (als die versteht man die Gesellschaft, zu der man gehört) und Modell für die ›Ewigkeit‹ (weil er *in illo tempore* geschehen ist und nicht an der Zeitlichkeit teilhat) ... Wenn er nicht mehr als Offenbarung der ›Mysterien‹ angenommen wird, so sinkt der Mythos ab, er verdunkelt sich, wird Märchen oder Legende.«

Eliades Definition bezieht sich auf den lebendigen, d.h. noch gelebten, religiösen Götter- und Heroenmythos. Dieser Mythos konstituiert über die Taten von Göttern oder Heroen das gesellschaftliche Leben. Er ist »Lebensgründung«. So muß zum Beispiel Herakles ganze Landstriche von Ungeheuern befreien, damit Menschen dort leben können und die Gründung von Städten möglich wird.

Wenn wir uns dem jüdisch-christlichen Mythos zuwenden, finden wir die unsere sittlichen Auffassungen immer noch wesentlich fundierende mythische Szene in der Übergabe der zehn Gebote durch Jahwe an Moses auf dem Berg Sinai.

Was den Ursprung und die Funktion des Mythos betrifft, lassen sich hierbei unter starker Vereinfachung zwei Verstehensrichtungen unterscheiden. Die eine nimmt transzendente Mächte an, die sich dem Menschen offenbaren. Die Vielfalt der mythischen Erfahrungen wird dabei erklärt durch die anthropomorphisierenden Verzerrungen und Eintrübungen des Spiegels, als welcher der Mensch fungiert. Vertreter dieser »platonischen« Auffassung sind die Anhänger der großen Weltreligionen und von den zitierten Autoren W. F. Otto und Eliade. Eliade faßt den Mythos auf als »Ontophanie«. W. F. Otto spricht von den griechischen Göttern als »Gestalten des Seins« (1962) und entwickelt im Zusammenhang damit eine polytheistisch anmutende Weltanschauung. Die andere (aufklärerische) Richtung, unter anderem vertreten durch Nietzsche, Freud, Horkheimer und Adorno, Kolakowski und Blumenberg, versteht Mythos als Bild des Menschen selbst, das er auf den Horizont seines Erlebens projiziert.

## Nietzsches Theorie des Mythos

Nietzsche beschreibt in seinem Werk *Die Geburt der Tragödie* (1871) am Beispiel der Griechen die Angst und den Schrecken als Ausgangspunkt des Mythos. Anknüpfend an die tragische Weisheit des Waldgottes Silen, daß es das allerbeste für den Menschen sei, nicht geboren zu sein, nicht zu sein, nichts zu sein, das zweitbeste aber, bald zu sterben, fragt Nietzsche: »Wie verhält sich zu dieser Volksweisheit die olympische Götterwelt?« Die Antwort lautet: »Wie die entzückungsreiche Vision des gefolterten Märtyrers zu seinen Peinigungen. Jetzt öffnet sich uns gleichsam der olympische Zauberberg und zeigt uns seine Wurzeln. Der Grieche kannte und empfand die Schrecken und Entsetzlichkeiten des Daseins: Um überhaupt leben zu können, mußte er vor sie hin die glänzende Traumgeburt der Olympischen stellen. Jenes ungeheure Mißtrauen gegen die titanischen Mächte der Natur, jene über allen Erkenntnissen erbarmungslos thronende Moira, jener Geier des großen Menschenfreundes Prometheus, jenes Schreckenslos des weisen Ödipus, jener Geschlechtsfluch der Atriden, der Orest zum Muttermord zwingt, kurz jene ganze Philosophie des Waldgottes ... – wurde von den Griechen durch jene künstlerische *Mittelwelt* der Olympier fortwährend von neuem überwunden, jedenfalls verhüllt und dem Anblick entzogen.« (1955: 58)

Aus dem zitierten Abschnitt geht hervor, daß Nietzsche den Mythos und dessen Entstehung unter derselben Perspektive betrachtet wie die Kunst, vor allem die aus dem Mythos erwachsene Tragödie. Er orientiert sich dabei an der »Duplizität des *Apollinischen* und des *Dionysischen*«. (1955: 47)

Das Apollinische repräsentiert die bildnerischen Gestaltungskräfte der Phantasie und des Traums, wodurch innere Vorgänge sich umsetzen in bildhafte Form und damit in Begrenzung und Maß. »Das tiefe Bewußtsein von der in Schlaf und Traum heilenden und helfenden Natur ist zugleich das symbolische Analogon der wahrsagenden Fähigkeit und überhaupt der Künste, durch die das Leben möglich und lebenswert gemacht wird. Aber auch jene zarte Linie, die das Traumbild nicht überschreiten darf, um nicht pathologisch zu wirken, widrigenfalls der Schein als plumpe Wirklichkeit uns betrügen würde – darf nicht im Bilde des Apollo fehlen: jene maßvolle Begrenzung, jene Freiheit von den wilden Regungen, jene weisheitsvolle Ruhe des Bildnergottes ... und man möchte selbst Apollo als das herrliche Götterbild des principii individuationis bezeichnen, aus dessen Gebärden und Blicken die ganze Lust und Weisheit des ›Scheines‹ samt seiner Schönheit zu uns spräche.« (1955: 49f.)

Das Dionysische[3] ist gekennzeichnet durch »das ungeheure Grausen ..., welches den Menschen ergreift, wenn er plötzlich an den Erkenntnisformen der Erscheinung irre wird, indem der Satz vom Grunde, in irgendeiner seiner Gestaltungen, eine Ausnahme zu erleiden scheint. Wenn wir zu diesem Grausen die wonnevolle Verzückung hinzunehmen, die bei demselben Zerbrechen des principii individuationis aus dem innersten Grunde des Menschen, ja der Natur emporsteigt, so tun wir einen Blick in das Wesen des *Dionysischen*, das uns am nächsten noch durch die Analogie des Rausches gebracht wird ... unter dem Zauber des Dionysischen schließt sich nicht nur der Bund zwischen Mensch und Mensch wieder zusammen, auch die entfremdete, feindliche oder unterjochte Natur feiert wieder ihr

Versöhnungsfest mit ihrem verlorenen Sohne, dem Menschen.« (1955: 51f.)

Der gelebte, eine Kultur tragende Mythos, ist nach Nietzsche eine ausgewogene Balance zwischen dem Dionysischen und Apollinischen, welche die Nähe zur »gesunden, schöpferischen Naturkraft« hält und »alle Kräfte der Phantasie und des apollinischen Traumes« bindet. »Erst ein mit Mythen umstellter Horizont schließt eine ganze Kulturbewegung zur Einheit ab.« (1955: 179)

In Nietzsches Konzeption trägt der Mythos zunächst den Logos in sich, der im Apollinischen enthalten ist. An Griechenland, dem Ursprungsort der ersten europäischen Aufklärung, zeigt Nietzsche, wie das Verhältnis von Dionysos und Apollo durch das Auftauchen von Sokrates außer Balance gerät. Dieser zerstört die mythische Weisheit der Griechen durch sein kritisches Denken: »In dem logischen Schematismus hat sich die apollinische Tendenz verpuppt ... Dies ist der neue Gegensatz: das Dionysische und das Sokratische ... Wer nur einen Hauch von jener göttlichen Naivität und Sicherheit der sokratischen Lebensrichtung aus den platonischen Schriften gespürt hat, der fühlt auch, wie das ungeheure Triebrad des logischen Sokratismus gleichsam hinter Sokrates in Bewegung ist und wie dies durch Sokrates wie durch einen Schatten hindurch angeschaut werden muß.« (1955: 110ff.)

Dieser Logos verstärkt als hypertrophe Entartung des Apollinischen dessen Tendenz zum »schönen Schein« und manifestiert sich als optimistische, antitragische Kraft, die in ihrem Kalkül die irrationalen Abgründe des Daseins umlügt in eine intelligible Welt. Nach Nietzsches Auffassung tritt in der Gestalt des Sokrates der Logos aus dem von seinem Wesen her tragischen Mythos heraus und setzt sich in einen unaufhebbar destruktiven Gegensatz zu ihm. Es war nämlich »jenem in Sokrates erscheinenden logischen Triebe völlig versagt, sich gegen sich selbst zu kehren«. (1955: 119) Diese Wendung gegen sich selbst vollzog der Logos, d.h. die Aufklärung in der Philosophie Nietzsches, auf so radikale Weise, daß er sich selbst aufhob, was in *Also sprach Zarathustra* (1885) zu einem neuen (und gleichzeitig uralten) Mythos führte, dem Mythos von der »ewigen Wiederkehr«.

## Horkheimers und Adornos Theorie des Mythos

Horkheimer und Adorno integrieren in ihrer *Dialektik der Aufklärung* (1947) die Ansätze Nietzsches und Freuds, betonen aber im Gegensatz zu Freud und noch markanter als Nietzsche den Schrecken des Urmenschen vor der Unbekanntheit und Übermacht der Natur als Ursprungsmoment des Mythos: »Der Ruf des Schreckens, mit dem das Ungewohnte erfahren wird, wird zu seinem Namen ... Die Verdoppelung der Natur in Schein und Wesen, Wirkung und Kraft, die den Mythos sowohl wie die Wissenschaft erst möglich macht, stammt aus der Angst des Menschen, deren Ausdruck zur Erklärung wird. Nicht die Seele wird in die Natur verlegt, wie der Psychologismus glauben macht; Mana, der bewegende Geist, ist keine Projektion, sondern das Echo der realen Übermacht der Natur in den schwachen Seelen der Wilden.« (1947: 26)

Unsere Denkweise tendiert dazu, Mythos als von Aufklärung überwunden und abgelöst sich vorzustellen. Diese wird als emanzipatorische Vernunft verstanden, die den Menschen aus dem tradierten Zwang mythischer Kollektivität befreit und ihm eine Individuation ermöglicht. Horkheimer und Adorno postulieren entgegen dieser Anschauung und in Weiterführung des Ansatzes von Nietzsche eine dialektische Beziehung zwischen Mythos und Aufklärung. Ihre These lautet: »Schon der Mythos ist Aufklärung, und: Aufklärung schlägt in Mythologie zurück.« (1947: 10)

Die beiden Autoren argumentieren geistesgeschichtlich. Entsprechend der ersten Aussage der These sehen sie das Wirken der Aufklärung im Mythos durch dessen vereinheitlichende Tendenz belegt. Eine ursprünglich große Vielfalt von lokalen Geistern und Dämonen verschmilzt durch die Arbeit des Logos im Mythos zu nur wenigen prägnanten Göttergestalten. Die Götter, anfänglich personifizierte Naturgewalten, werden zu differenzierten Personen, die weit mehr repräsentieren als die Elemente. So z.B. entwickelt sich Zeus aus einer Personifikation des Blitzes und des Donners zum Inbegriff patriarchalischer Macht, zum Wahrer und Garanten der Weltordnung. Blitz und Donner bleiben seine Attribute, definieren aber nicht mehr ausschließlich sein Wesen. Ganz offensichtlich wird diese versteckte Arbeit der Aufklärung, wenn bei den ionischen Naturphilosophen Mensch und Welt nur noch auf die vier Elemente: Wasser, Feuer, Luft und Erde zurückgeführt werden. Die Namen und Gestalten der Götter, die ja doch eine bestimmte Qualität und Individualität ausdrücken, spielen hierbei keine Rolle mehr. Sie fallen einem weiteren Vereinheitlichungsschritt zum Opfer. Es handelt sich schon um beginnende naturwissenschaftliche Prinzipien. Bei Demokrit schrumpfen die mythischen Gestalten vollends zu atomaren Vorgängen. Eine andere Linie der Aufklärung verwandelt die Götter bei Platon in die »höchste Idee des Guten und Schönen«, die das Sinnliche degradiert zum Schein, und bei Aristoteles in den »unbewegten Beweger«. Folgerichtig verwendet das Christentum die Philosophie dieser beiden Denker zur theoretischen Fundierung seiner Lehre und setzt diese vereinheitlichende Tendenz fort. Sie wird zum unbeseelten Werkstoff, zur Materie, in der Hand eines einzigen übermächtigen Schöpfers. Der ätzende Hohn, den die frühen Kirchenväter über die griechischen Götter ausgießen, wiederholt sich 1500 Jahre später von seiten der französischen Enzyklopädisten gegen das Christentum selbst, bis Nietzsche (1882) schließlich den »Tod Gottes« verkündet.

Die Frage, ob die Aufklärung den Menschen von dem Zwang der mythischen Mächte, welche die ursprüngliche Gewalt der Natur transformieren, emanzipiert hat, wird von Horkheimer und Adorno verneint. Der Mensch stand schon in Urzeiten vor der Alternative, sich entweder der Natur zu unterwerfen oder sie sich untertan zu machen. Er wählte den zweiten Weg. Schon in dem urzeitlichen Jagdzauber, in dem sich die Jäger in die zu jagenden Tiere verkleideten und deren Bewegungen nachahmten, um sich ihnen nähern und sich ihrer bemächtigen zu können, steckt der Anspruch des Menschen, die Natur durch »Mimesis«, d.h. Nachahmung, zu beherrschen. In ähnlicher Weise kam das Prinzip der listigen Anpassung zu Bemächtigungszwecken – wie die Autoren an Odysseus nachweisen – über das Opfer auch der personifizierten Natur, den Göttern, gegenüber zur Anwendung. »Es ist die Formel für die List des Odysseus, daß der abgelöste, instrumentale Geist, indem er der Natur resigniert sich einschmiegt, dieser das Ihre gibt und sie eben dadurch betrügt. Die mythischen Ungetüme, in deren Machtbereich er gerät, stellen allemal gleichsam versteinerte Verträge, Rechtsansprüche aus der Vorzeit dar ... In der mythisch vergegenständlichten Übertragung hat das Naturverhältnis von Stärke und Ohnmacht bereits den Charakter eines Rechtsverhältnisses angenommen. Scylla und Charybdis haben einen Anspruch auf das, was ihnen zwischen die Zähne kommt, so wie Kirke einen, den Ungefeiten zu verwandeln ... eine jede der mythischen Figuren ist gehalten, immer wieder das gleiche zu tun. Jede besteht in Wiederholung: deren Mißlingen wäre ihr Ende.« (1947: 75)

Die Emanzipation des Menschen aus der Übermacht der Natur, vermittelt über die Mimesis und die personifizierende Gestaltung der Naturmächte zu Göttern, die einen Namen haben, mit denen Verträge geschlossen werden können, »wird erkauft durch die Anerkennung der Macht als des Prinzips aller Beziehungen«. Die Wirkung »der Einheit solcher Vernunft« ist eine zunehmende Nivellierung des Unterschieds zwischen Gott und Mensch, wie sie uns schon die Epen Homers zeigen: »Als Gebieter über Natur gleichen sich der schaffende Gott und der ordnende Geist ... Der Mythos geht in die Aufklärung über und die Natur in bloße Objektivität.« (1947: 19)

Der Preis, den der Mensch für seine allmähliche Subjektwerdung bezahlt, ist hoch.[4] Die Steigerung seiner Macht geht einher mit der Entfremdung von dem, worüber er Macht hat. Die Aufklärung, die zunehmend anstelle des Mythos die Beziehung des Menschen zu den Dingen bestimmt, ist nicht nur emanzipativ, sondern auch diktatorisch. Die Erkenntnis manifestiert sich gleichzeitig auch als Manipulation. »Der Mann der Wissenschaft kennt die Dinge, sofern er sie machen kann. Dadurch wird ihr An sich Für ihn. In der Verwandlung enthüllt sich das Wesen der Dinge immer als je schon dasselbe, als Substrat von Herrschaft. Diese Identität konstituiert die Einheit der Natur.« Die in Entsprechung dazu entstandene Einheit des Subjekts, spiegelt sich im Bewußtsein als Ebenbildlichkeit mit Gott, der unsichtbaren Macht. Über diesen Prozeß »erst erlangt der Mensch die Identität des Selbst, das sich in der Identifizierung mit anderen nicht verlieren kann, sondern sich als undurchdringliche Maske ein für alle Male in Besitz nimmt«. (1947: 20)

Damit hat sich gleichzeitig mit der Beherrschung äußerer Natur auch die der inneren Natur vollzogen, die als Persona

(= Maske) den fluktuierenden Übergang von innen nach außen durch eine zur unauflöslichen Struktur geronnene Grenze markiert. An Odysseus wird gezeigt, daß nur der seinen Wünschen Entsagende und Selbstbeherrschte überleben kann, der dem Sog der mythischen Mächte eine eigene, von überlegener Vernunft getragene Identität entgegensetzen kann. Er erreicht sein Ziel nur, weil er den Verlockungen der Lotophagen, Kalypsos, Kirkes, der Sirenen und auch Nausikaas zu begegnen und seinen Zorn gegen die Freier zu bändigen, das heißt seinem Herzen, das in seiner Brust empört bellt wie ein Hund, zu befehlen weiß. Trotzdem bleibt er den Mächten, denen er entflieht, in identifikatorischer Weise verfallen. Die Unerbittlichkeit der in den mythischen Gewalten sich äußernden Natur hat er in sich aufgenommen. Sie reproduziert sich in seiner gnadenlosen Härte gegenüber den Freiern, die seine Frau bedrängen.[5] Je mehr im Verlauf der abendländischen Geschichte Mythos in Aufklärung übergeht, desto stärker führt die mimetische Anpassung des Menschen an die von den mythischen Qualitäten entblößte, versachlichte Natur zu einer Versachlichung des Menschen: »Die Ratio, welche die Mimesis verdrängt, ist nicht bloß deren Gegenteil. Sie ist selber Mimesis: die ans Tote. Der subjektive Geist, der die Beseelung der Natur auflöst, bewältigt die entseelte nur, indem er ihre Starrheit imitiert und als animistisch sich selber auflöst.« (1947: 73f.)

Die ausweglose Wahrheit des Mythos: Kreislauf, Schicksal, Herrschaft, reproduziert sich innerhalb der Aufklärung in immer neuer Gestalt, wobei ihr Wesen, die ihren Transformationen zugrunde liegende Gewalt, sich gleich bleibt. Der Grundsatz der »schicksalhaften Notwendigkeit«, an der die mythischen Helden scheitern, und in der sich mit Folgerichtigkeit der Orakelspruch erfüllt, verwandelt sich »zur Stringenz formaler Logik« und beherrscht so nicht nur die rationalistischen Systeme der abendländischen Philosophie, »sondern waltet selbst über der Folge der Systeme, die mit der Götterhierarchie beginnt und in permanenter Götzendämmerung den Zorn gegen mangelnde Rechtschaffenheit als den identischen Inhalt tradiert. Wie die Mythen schon Aufklärung vollziehen, so verstrickt Aufklärung mit jedem ihrer Schritte tiefer sich in Mythologie. Allen Stoff empfängt sie von den Mythen, um sie zu zerstören, und als Richtende gerät sie in den mythischen Bann.« (1947: 22)[6]

Der zwangsläufige mythische Kreislauf »von Fluch, der Untat, die ihn sühnt, und der aus ihr erwachsenden Schuld, die den Fluch reproduziert« (1947: 75), manifestiert sich in der Wissenschaft als Naturgesetzen entsprechende »Wiederholung, verfeinert zu beobachteter Regelmäßigkeit, aufbewahrt in Stereotypen«. (1947: 214) Herrschaft reproduziert sich als immer phantastischere Ausmaße annehmende gesellschaftliche Bemächtigung äußerer Natur und Unterdrückung innerer Natur, was in Erscheinung tritt als Verzicht, Entsagung und zunehmende Ersatzbefriedigung, die von ihrem ursprünglichen Begehren keine Vorstellung mehr hat. Die Mimesis erscheint nicht mehr als Magie, die im Dienste der Selbsterhaltung sich in körperlicher Nachahmung der Natur realisiert, sondern als Technik. Diese »vollzieht die Anpassung ans Tote ... durch Automatisierung geistiger Prozesse, durch ihre Umwandlung in blinde Abläufe«, welche »die menschlichen Äußerungen sowohl beherrschbar als zwangsmäßig« macht. (1947: 214)

Der ideologiekritische Nachweis von Horkheimer und Adorno, daß Aufklärung den ihr selbst immanenten mythischen Wiederholungszwang nicht durchbrechen konnte, läßt sie »zum ersten Mal reflexiv« werden. Die darüber hinausgehende zweite Reflexionsstufe führt, ähnlich wie bei Nietzsche, zu einer Wendung der Aufklärung gegen sich selbst, »sie verselbständigt die Kritik noch gegenüber den eigenen Grundlagen«. (Habermas 1983: 415)

Bei allem Pessimismus dieses Werkes, den Habermas auch auf seine Entstehungszeit (1944) bezieht und an ihm »Abstraktionen und Einebnungen« (1983: 409) kritisiert, die »den vernünftigen Gehalt der kulturellen Moderne ... unterschätzen« (1983: 420)[7], bleibt doch die Gewißheit bestehen, »daß die Freiheit in der Gesellschaft vom aufklärenden Denken unabtrennbar ist«. (Horkheimer und Adorno 1947: 7) Allerdings sei zu erkennen, »daß der Begriff eben dieses Denkens nicht weniger als die konkreten historischen Formen, die Institutionen der Gesellschaft, in die es verflochten ist, schon den Keim zu jenem Rückschritt enthalten, der heute überall sich ereignet«. Aufklärung müsse dieses ihrem Fortschreiten gegenläufige Moment in ihre Reflexion aufnehmen und »die Besinnung auf das Destruktive des Fortschritts nicht seinen Feinden überlassen«. (1947: 7)

## Kolakowskis Theorie des Mythos

Kolakowski versucht in seinem Essay *Die Gegenwärtigkeit des Mythos* (1972) die kulturphilosophische Klärung des Ortes, den die Mythenbildung in der Kultur und in der Struktur des menschlichen Bewußtseins besetzt. Ähnlich wie die bisher dargestellten Theorien geht er dabei von einem sehr generalisierten Begriff des Mythischen aus, dessen religiöse Formen nur »eine bestimmte Variante oder historische Partikularisierung des Phänomens darstellen« und das sich darüber hinaus in allen Erscheinungsweisen der zwischenmenschlichen Kommunikation manifestiert: »in den intellektuellen Tätigkeiten, im künstlerischen Schaffen, in der Sprache, im Zusammenleben, das von den ethischen Werten gestaltet wird, in der technologischen Praxis selbst und im Sexualleben«. (1972: 9) Der Grund für die mythische Infiltrierung des gesamten menschlichen Lebens liegt darin, daß die alltäglichen und wissenschaftlichen Erfahrungen nur in einen für die Lebenspraxis sinnvollen Zusammenhang gebracht werden können, wenn sie auf »unbedingte Realitäten« bezogen werden, wie »Sein, Wahrheit, Wert«. (1972: 7) Diese unbedingten Realitäten sind mythische Setzungen, die wissenschaftlich-argumentativ nicht begründet werden können, aber dennoch jedes menschliche Zusammenleben und damit Kultur in fundamentaler Weise erst ermöglichen.

Der Wissenschaftbegriff Kolakowskis ist sehr restriktiv und entspricht weitgehend der analytischen Wissenschaftstheorie: »Die Arbeit des analytischen Verstandes, die die Wissenschaft produziert, ist in der menschlichen Kultur ein Organ, das die physikalische Umwelt bezähmt.« Folgerichtig ist demnach Wissenschaft »eine Verlängerung des technologischen Stammes der Zivilisation«. Dagegen erscheinen die metaphysischen Fragen und Überzeugungen »technologisch unfruchtbar« und sind damit weder »Teil der analytischen Bemühung« noch

»Bestandteil der Wissenschaft«. Als konstituierendes Moment der Kultur sind sie »eine Verlängerung ihres mythischen Stammes«. Sie beziehen sich auf den wissenschaftlich nicht begründbaren, aber lebensnotwendigen »absoluten Ursprung der Erfahrungswelt« und »die Qualitäten des Seins als einer Ganzheit«. Sie versuchen damit »die Realitivität der Erfahrungswelt« zu zeigen und »die unbedingte Realität zu enthüllen, dank derer die bedingte Realität sinnvoll wird«. Die Wissenschaft bezieht sich nur auf diese bedingte Realität, das heißt die empirische Wirklichkeit. Die Ausrichtung der metaphysischen Fragen und Annahmen auf die nichtempirische, unbedingte Realität ist in keiner Hinsicht ein Beweis für deren vom Bewußtsein des Menschen unabhängige Existenz, sondern sie beweist nur »das in der Kultur lebendige Bedürfnis, daß das, worauf es bezogen ist, gegenwärtig sei«. Deshalb kann diese Gegenwärtigkeit prinzipiell nicht Gegenstand einer Beweisführung sein, da »die Beweiskompetenz« ausschließlich »ein Vermögen des technologisch orientierten analytischen Verstandes« ist und diese Grenze nicht überschreitet. Die Gründe, auf denen das mythische Bewußtsein fußt, »sind somit Akte der Wertaffirmation«. (1972: 13ff.) Doch sind auch die »letzten Gründe« wissenschaftlichen Denkens »Akte des Wertens«.

Den fundamentalen, nicht mehr auf andere Bedürfnisse reduzierbaren Beweggrund für die mythenbildende Aktivität sieht Kolakowski in der »Gleichgültigkeit der Welt«, die den Menschen in Verzweiflung zu stürzen und zu vernichten droht, wenn er sich ihr aussetzt.

Verglichen mit dem Ansatz von Nietzsche, Horkheimer und Adorno und – wie gleich zu zeigen sein wird – auch von Blumenberg, die als wesentliche Entstehungsbedingung des Mythos die ängstigende Übermacht der Natur annehmen, scheint dieser Begriff der »Gleichgültigkeit der Welt« weniger für die Ursprungssituation als für unsere Zeit zuzutreffen. Die durch die Aufklärung von allen mythischen Qualitäten entblößte, versachlichte und technologisch »gezähmte« Natur erleben wir nicht mehr als so überwältigend und bedrohend, sondern als grenzenlos gleichgültig.

Auch in Kolakowskis Theorie besteht ein unaufhebbarer Gegensatz zwischen der »mythologisch-symbolischen« und der

»technologisch-kognitiven Funktion des Bewußtseins«. (1972: 166) Jede Seite tendiert jeweils zu einem Alleinvertretungsanspruch, der sie mit der anderen Seite in Konflikt bringt, wodurch beide gezwungen werden, ihre Ansprüche einzuschränken. Jedoch lebt die Kultur »stets aus dem Wunsch nach endgültiger Synthese ihrer zerstrittenen Bestandteile und aus der organischen Unfähigkeit, sich diese Synthese zu sichern. Der Vollzug der Synthese wäre ebenso der Tod der Kultur wie der Verzicht auf den Willen zur Synthese.« (1972: 169)

## Blumenbergs Theorie des Mythos

In seinem breitangelegten, mit detaillierten historischen Rekursen versehenen Werk *Arbeit am Mythos* (1979) faßt Blumenberg die von Nietzsche, Horkheimer und Adorno betonte Übermacht der Natur als objektiv mythenkonstituierendes Moment unter dem Oberbegriff »Absolutismus der Wirklichkeit« zusammen, dem – hier ist Blumenberg wieder an Freud orientiert – »der Absolutismus der Bilder und Wünsche« (1979: 14) entgegentritt. Der Mythos beginnt als Kompromißbildung zwischen dem Wunsch und der angsterregenden Unheimlichkeit der Natur. Die Beantwortung der Frage, wie die Urmythen ausgesehen haben könnten, lehnt Blumenberg als zu spekulativ ab, da auch die ältesten uns bekannten Mythen das relativ späte Resultat eines Ausleseprozesses über Zehntausende von Jahren seien und die anzunehmende Widerspiegelung des urmenschlichen Schreckens, wenn überhaupt, nur noch in schwacher Andeutung enthielten. In der hypothetischen Szenerie Blumenbergs steht der Urmensch, dessen instinktgeleitete Einbindung in die Ordnung der Natur erheblich reduziert ist, der seine frühere Heimat im Wald verlassen hat und nun vom Vierfüßer zum Zweifüßer aufgerichtet in die Savanne und Höhle überwechselte, vor einem neuen weiten Horizont, dessen drohende Fremdheit ihn mit tiefem Schrecken und mit Ohnmacht erfüllt. Er beginnt seine namenlose Angst zu rationalisieren in Furcht. Die überwältigenden Kräfte der Natur bekommen einen Namen. Sie werden personifiziert zu Göttern und Dämonen, die miteinander in Beziehung stehen und denen spezielle Machtbereiche zugeordnet sind im Sinne einer »archaischen Gewaltenteilung«, die den Block ursprünglicher Bedrohung auf verschiedene Instanzen verteilt und sie damit depotenziert. Der nun mögliche Dialog mit den bedrohenden Kräften erlaubt den Abschluß von Verträgen. Dadurch entstehen gesellschaftliche Institutionen. Die Bedrohung ist gebannt. Der Mensch lebt nun in einer geordneten menschlichen Welt. Aus dem drohenden Chaos ist ein Kosmos geworden, eine Heimat voll Sinn und Bedeutung, die dem Menschen einen wohldefinierten Platz zuweist. Unter diesem Schutz kann er wachsen und sich entfalten.

Die ursprüngliche Funktion des Mythos ist also der »Abbau des Absolutismus der Wirklichkeit« durch »Gewaltenbildung«, in der »numinose Unbestimmtheit« in »nominale Bestimmtheit« (1979: 32) umgewandelt wird. Das ergibt auch »Distanz zur Unheimlichkeit«. (1979: 132) Blumenberg meint, man müsse »den Mythos, um seine genuine Leistungsqualität wahrzunehmen, unter dem Aspekt seines *terminus a quo* beschreiben. Entfernung von, nicht Annäherung an, wird dann das Kriterium der Analyse seiner Funktion«. (1979: 186) »Der Mythos repräsentiert eine Welt von Geschichten, die den Standpunkt des Hörers in der Zeit derartig lokalisiert, daß auf ihn zu der Fundus des Ungeheuerlichen und Unerträglichen abnimmt.« (1979: 131)

Blumenberg setzt ähnlich wie die anderen referierten Kulturphilosophen den Akzent sehr deutlich auf die Abwehrfunktion des Mythos, die er auf eine hypothetische Ursprungssituation (»Absolutismus der Wirklichkeit«) riesige Zeiträume vor Einsetzen schriftlicher Überlieferung bezieht. Das was die Menschheit an Mythen besitzt, ist »der schmale Fundus« dessen, was dem Selektionsdruck von Zehntausenden von Jahren widerstanden hat. Wie Blumenberg die Beziehung zwischen Mythos und Logos sieht, ist noch schwerer zu bestimmen als bei Horkheimer und Adorno, deren Konzeption er mehr schuldet, als er auszuweisen bereit ist. »Die Grenzlinie zwischen Mythos und Logos ist imaginär und macht es nicht zur erledigten Sache, nach dem Logos des Mythos im Abarbeiten des Absolutismus der Wirklichkeit zu fragen. Der Mythos selbst ist ein Stück hochkarätiger Arbeit des Logos.« (1979: 18)

Den historischen Bezug zum Mythos versteht Blumenberg primär als »Arbeit am Mythos«, das heißt als spezifische Rezeption und Weiterführung uralter Mythen, die durch die »Arbeit des Mythos« schon lange vorliegen: »Die Arbeit des Mythos muß man schon im Rücken haben, um der Arbeit am Mythos nachzugehen und sie als das Aufregende der Anstrengung an einem Material wahrzunehmen, dessen Härte und Widerstandkraft unabsehbare Ursprünge haben muß. Grenzbegriff der Arbeit des Mythos könnte sein, was ich den Absolutismus der Wirklichkeit genannt habe; Grenzbegriff der Arbeit am Mythos wäre, diesen ans Ende zu bringen, die äußerste Verformung zu wagen, die die genuine Figur gerade noch oder fast nicht mehr erkennen läßt.« (1979: 295)[8]

Ähnlich wie die Grenzlinie zwischen Mythos und Logos bei Blumenberg unbestimmbar bleibt, kann die »Arbeit am Mythos« sowohl künstlerischer als auch wissenschaftlicher Art sein. Diese Studie ist ebenso Arbeit am (Ödipus-)Mythos wie der Versuch, ein Drama über das Rätsel der Sphinx zu schreiben.

## Freuds Theorie des Mythos

Freuds erster Ansatz zu einer Theorie vom Ursprung des Mythos findet sich in dem Brief an Fließ vom 12. 12. 1897: »Kannst Du Dir denken, was *endopsychische Mythen* sind? Die neueste Ausgeburt meiner Denkarbeit. Die unklare innere Wahrnehmung des eigenen psychischen Apparates regt zu Denkillusionen an, die natürlich nach außen projiziert werden und charakteristischerweise in die Zukunft und in ein Jenseits. Die Unsterblichkeit, Vergeltung, das ganze Jenseits sind solche Darstellungen unseres psychischen Inneren ... Psychomythologie.« (1950: 252)

Die spätere Gliederung des psychischen Apparates in verschiedene Strukturen und Funktionen und deren namentliche Benennung als Instanzen (Ich, Es, Überich, Ichideal) mit ihrer Gewaltenteilung und Personifikationstendenz hat »schon als solche Affinität zum Mythos ... auch wenn sie niemals bis zu einer Mythogonie gekommen wäre«. (Blumenberg 1979: 66) 1927 und 1930 kann Freud mit dem hinsichtlich Struktur und Genese wohldefinierten psychischen Apparat den so früh formulierten theoretischen Anspruch einlösen und den Mythos analog der Neurose als projektive Fortsetzung der infantilen Bindung an die Eltern darstellen. Basierend auf demselben Modell von Triebwunsch und dessen Abwehr benutzt Freud neben der Neurose vor allem den Traum als kategorialen Rahmen zum Verständnis des Mythos: »Die Untersuchung dieser völkerpsychologischen Bildungen ist nun keineswegs abgeschlossen, aber es ist z.B. von den Mythen durchaus wahrscheinlich, daß sie den entstellten Überresten von Wunschphantasien ganzer Nationen, den *Säkularträumen* der jungen Menschheit entsprechen.« (Freud, 1908: 222)

Hier parallelisiert Freud in einer klinischen Analogie einen historischen Prozeß mit der Ontogenese. Die Menschheit wird als kollektives Subjekt aufgefaßt und die Entstehung des Mythos in ihr frühes Entwicklungsstadium verlegt. Mit dieser Betonung des regressiven Aspektes und des Wunschcharakters ist auch die Voraussetzung für die Bestimmung des Mythos als Traum geschaffen. Dessen weitere Spezifizierung als »Säkulartraum« nimmt Bezug auf die relativ größere zeitliche Konstanz des Mythos. Schließlich erweitert Freud diese Analogie zwischen Ontogenese und Geschichte noch durch den Einbezug der Phylogenese. Dabei handelt es sich zwischen Onto- und Phylogenese nicht mehr um eine Analogiebeziehung, sondern um die Annahme einer tatsächlichen ontogenetischen Reproduktion von psychischen Inhalten (zum Beispiel Kastration, Urszene) aus dem »phylogenetischen Erbe«.

Diese Hypothese der biologischen Verankerung von Phantasie im Sinne von »Urphantasien« (Freud 1916/17; 1918) ist nach unserem heutigen Wissen sehr fraglich und war wahrscheinlich auch schon zu Freuds Zeit umstritten. Jedenfalls hielt Freud psychische »... Niederschläge aus der Kulturgeschichte der Menschheit« für möglich, »die tiefer hinabreichen als alles, was uns durch seine Spuren im Mythos und in der Folklore erhalten ist«. (1918: 126) Eine inhaltliche Ausgestaltung seiner Säkulartraum- und Urphantasiehypothese gibt Freud in den Nachträgen zu *Massenpsychologie und Ich-Analyse* (1921). Dazu greift er auf den in *Totem und Tabu* (1912/13) entwickelten »wissenschaftlichen Mythus vom Vater der Urhorde« (1921: 151) zurück. Entsprechend der Freudschen Konstruktion konnte sich nach der Tötung des Urvaters keiner aus der Bruderhorde an seine Stelle setzen, ohne erneute Kämpfe auszulösen. Unter Verzicht auf das väterliche Erbe bildeten sie eine gleichberechtigte »totemistische Brüdergemeinschaft«, gebunden durch Tabuverbote, zur sühnenden Erhaltung des Andenkens an die Mordtat. Das führte zu einer ständigen Unzufriedenheit und zu der Tendenz, den alten Zustand wieder herzustellen. Die Männer wurden wieder Familienoberhaupt und brachen die sich in der vaterlosen Zeit etablierende Frauenherrschaft. »Zur Entschädigung« dafür erkannte der Clan die Muttergottheiten an, »deren Priester kastriert wurden zur Sicherung der Mutter nach dem Beispiel, das der Vater der Urhorde gegeben hatte ... Damals mag die sehnsüchtige Entbehrung einen Einzelnen bewogen haben, sich von der Masse zu lösen und sich in die Rolle des Vaters zu versetzen. Wer dies tat, war der erste epische Dichter, der Fortschritt wurde in seiner Phantasie vollzogen. Der Dichter log die Wirklichkeit um im Sinne seiner Sehnsucht. Er erfand den heroischen Mythus. Heros war, wer allein den Vater erschlagen hatte, der im Mythus noch als totemistisches Ungeheuer erschien. Wie der Vater das erste Ideal des Knaben gewesen war, so schuf jetzt der Dichter im Heros, der den Vater ersetzen will, das erste Ichideal ... Der erste Mythus war sicherlich der psychologische, der Heroenmythus; der erklärende Naturmythus muß weit später aufgekommen sein. Der Dichter, der diesen Schritt getan und sich so in der Phantasie von der Masse gelöst hatte, weiß nach einer weiteren Bemerkung von Rank doch in der Wirklichkeit die Rückkehr zu ihr zu finden. Denn er geht hin und erzählt dieser Masse die Taten seines Helden, die er erfunden. Dieser Held ist im Grunde kein anderer als er selbst. Er senkt sich somit zur Realität herab und hebt seine Hörer zur Phantasie empor. Die Hörer aber verstehen den Dichter, sie können sich auf Grund der nämlichen sehnsüchtigen Beziehungen zum Urvater mit dem Heros identifizieren.

Die Lüge des heroischen Mythus gipfelt in der Vergottung des Heros. Vielleicht war der vergottete Heros früher als der Vatergott, der Vorläufer der Wiederkehr des Urvaters als Gottheit. Die Götterreihe hieße dann chronolgisch so: Muttergöttin – Heros – Vatergott. Aber erst mit der Erhöhung des nie vergessenen

Urvaters erhielt die Gottheit die Züge, die wir noch heute an ihr kennen.« (Freud 1921: 152f.)

Freuds Theorie des Mythos läßt sich nun in folgenden Punkten zusammenfassen:

1. Die grundlegende Verständniskategorie für den Mythos ist das Wunsch-Abwehr-Modell der Neurose und des Traums. Die »Säkularträume der jungen Menschheit« werden spezifiziert zu Tagträumen und Phantasien. Die im Vergleich zum Nachttraum damit verbundene stärkere sekundäre Bearbeitung unbewußter Triebwünsche geht nach Freud bis zum direkten Umlügen der Realität.
2. Triebwünsche wurden in der Frühphase menschlicher Kulturentwicklung direkter ausagiert, verfielen dann über das Schuldgefühl der Abwehr und äußerten sich später als »Wiederkehr des Verdrängten« im Mythos.
3. Die mythischen Phantasiebildungen reproduzieren und verarbeiten etwas, was sich früher *real* ereignet hatte, über eine biologisch fundierte Form der Erinnerung als »Urphantasien«.
4. Mit dem Erscheinen des Mythos verbindet sich ein »kulturelles Kollektivbewußtsein«. (Schmid-Noerr 1982)
5. Trotzdem entwickelt sich der Mythos in einer schon etablierten Gesellschaft. Sein Erscheinen koinzidiert nicht mit deren Beginn. Der auf einem schon ausdifferenzierten familialen Beziehungsgefüge basierende (psychologische) Heroenmythos ist wesentlich früher als der Naturmythos, der die Auseinandersetzung mit der Natur widerspiegelt.

Sicherlich sind die Familienbeziehungen wichtige mythenbildende Konstellationen, wofür der Ödipusmythos der beste Beweis ist, ob sie aber der erste Stoff der Mythenentstehung sind, erscheint fraglich und wird noch zu erörtern sein.

## Zur Kritik der Freudschen Mythostheorie

Für eine kritische Auseinandersetzung mit Freuds Theorie des Mythos ergeben sich folgende drei Fragen:

1. Entspricht der Mythosbegriff Freuds dem damaligen Entwicklungsstand seiner Theorie?

2. Wie stellt sich der Freudsche Mythosbegriff im Lichte der heutigen analytischen Sozialpsychologie und Kulturtheorie dar?
3. Wie läßt sich die Besonderheit des psychoanalytischen Mythenverständnisses innerhalb der weiträumigeren Perspektive der referierten Kulturphilosophen lokalisieren?

*Der Freudsche Mythosbegriff in Relation zum damaligen Entwicklungsstand seiner Theorie*

Schmid-Noerr (1982) weist auf eine interessante Divergenz zwischen der klinischen Theorie und der Gesellschaftstheorie Freuds hin. Auf klinischer Ebene hatte Freud die Verführungshypothese, welche die Phantasien der Analysanden weitgehend zu Erinnerungen realer Ereignisse macht, längst aufgegeben und die »psychische Realität« akzeptiert, während er bis zuletzt an der Urhordentheorie festhält, die reale Vorgänge in der Urzeit postuliert, die als phylogenetisch verankerte Erinnerungsspuren im mythenbildenden Unbewußten jedes Individuums und damit auch der Völker wiederkehren.

Hätte Freud seine Urphantasiehypothese aufgegeben, wäre er noch dringlicher mit dem Symbolproblem, einer der fundamentalen theoretischen Fragen (nicht nur) der Psychoanalyse, konfrontiert worden.[9]

*Freuds Mythostheorie im Lichte psychoanalytischer Sozialpsychologie und Soziologie*

Bei dem Versuch, die Art des psychoanalytischen Mythenverständnisses näher zu definieren durch die Auseinandersetzung mit der zeitgenössischen psychoanalytischen Sozialpsychologie-Soziologie und den referierten Kulturphilosophen, dient es der Klarheit, mit Lorenzer (1974) folgende drei Analyseebenen zu unterscheiden:

- das Subjekt
- seine Sozialisation
- die objektiven, politisch-ökonomischen und historischen Bedingungen der Sozialisation.

Nach Lorenzers Ausführungen ist die psychoanalytische Methode nur auf die ersten beiden Ebenen (Subjekt, Sozialisation) anwendbar, aber nicht auf die dritte, die eines besonderen gesellschaftsanalytischen Verfahrens bedarf. Ebensowenig kann die Methode zur Analyse der objektiven Struktur auf die erste Stufe (subjektive Struktur) übertragen werden. Psychologismus im ersten und Soziologismus im zweiten Fall wären die Folge solcher methodischer Übergriffe. Die zweite Ebene (Sozialisation), die kein eigenes Analyseverfahren hat, kann sowohl von der ersten als auch von der dritten Ebene aus analysiert werden: »Sozialisation kann nur entweder politisch-ökonomisch als Produktion im Zuge *objektiver* Strukturanalyse oder kritisch-hermeneutisch als *subjektive* Strukturanalyse erkundet werden.« (Lorenzer 1974: 218) Von der ersten Stufe zur dritten und umgekehrt lassen sich »zum je anderen allenfalls abstrakte Vermutungen entwickeln«.

Dahmer gibt dafür folgende Begründung: »Alle Versuche, die kritische Theorie der Subjekte und die ihrer politischen Ökonomie miteinander gleichzuschalten, die eine in der anderen aufgehen zu lassen und die eine durch die andere zu ersetzen, sind zum Scheitern verurteilt, da das *fundamentum in re* der eingetretenen Arbeitsteilung, der Widerspruch einer Gesellschaft, in der ›die höhere Entwicklung der Individualität nur durch einen historischen Prozeß erkauft wird, worin die Individuen geopfert werden‹, nicht durch bloße wissenschaftliche Veranstaltungen aus der Welt zu schaffen ist. In der Disparatheit von Psychoanalyse und historischem Materialismus kommt die Wahrheit über die vergesellschafteten Individuen als gebrochene, als Widerspruch zum Ausdruck. Zwischen den formell freigesetzten Individuen und den ihnen gegenüber verselbständigten, naturförmigen Verhältnissen, in die sie noch eingespannt sind, klafft ein Bruch, der nur geschichtlich, nicht methodologisch zu heilen ist.« (Dahmer 1973: 258f.)

Der Mythos dürfte auf der zweiten Ebene zu lokalisieren sein, da er im Gegensatz zum Traum, dem privatesten und intimsten psychologischen Ereignis, das kollektive Phänomen schlechthin und damit eine Sozialisationsinstanz ersten Ranges ist, »durch die objektive und subjektive Strukturen über die Vorführung von Weltbildern und darin enthaltener Handlungsmuster miteinander vermittelt werden«. (Schmid-Noerr 1982: 597)

Unzulässigerweise, das heißt psychologistisch, versucht Freud in seine Theorie der Kultur und des Mythos auch die dritte Stufe, die Ebene der politisch-ökonomischen und historischen Bedingungen, zu integrieren, indem er über die Urhordenhypothese die Onto- mit der Phylogenese parallelisiert und die davon abgeleiteten invarianten anthropologischen Strukturen (Ödipuskomplex) zur Grundlage der historischen Entwicklung macht.

Die Konsequenzen dieser Konzeption Freuds für die Auffassung des historischen Prozesses sind darin zu sehen, daß er »dadurch quasi unterteilt« wird: »Er verläuft einmal als wesentlich phylogenetisches Geschehen, welches der konkreten Wirklichkeit vorausgeht, zum anderen als davon abhängiger realgeschichtlicher Vorgang, dessen Form von spezifischen Umständen mitbestimmt wird. Als phylogenetischer Vorgang hat er die Gattung zum Subjekt, was jedoch nur dadurch ermöglicht wird, daß Freud implizit das Endergebnis der Entwicklung, das bürgerliche Individuum, bereits voraussetzt. Unter diesen Umständen kann Geschichte dann nur noch als Zwangsprozeß, der über die Gattung abläuft, aufgefaßt werden, als ein durch die Umstände der inneren und äußeren Natur erzwungenes Geschehen, dessen Verlauf durch die konstituierenden Elemente bereits vorausbestimmt war.« (Schülein 1978: 133f.)

Bezogen auf Freuds Konzeption des Mythos ist seine Kulturtheorie das Mittel, um die »halluzinatorische Immanenz des Traumes« zu durchbrechen und die Mythen als überlieferte Phantasien zu interpretieren, »die die Egozentrizität des Traumes überwunden haben müssen«. (Schmid-Noerr 1982: 598)

Wenn wir die phylogenetische Hypothese als Brücke über den Abgrund zwischen der Egozentrizität des Traumes und der Kollektivität des Mythos[10] nicht akzeptieren, stellt sich uns die Frage, ob und wie der psychoanalytische Verstehensansatz mit einer historischen Analyse vermittelt werden kann. Beide Methoden fassen den Mythos zwar »als Komplex von Situationsdeutungen und Praxisentwürfen« (Schmid-Noerr 1982: 602) auf, doch führen beide in verschiedene Richtungen. Die Psychoanalyse vernachlässigt mit ihrer Tendenz, den Mythos auf relativ invariante psychische Grundkonflikte zu reduzieren, deren »kulturell spezifische Ausformung und Bedeutung«. Die historische Analyse neigt zu einer Reduktion der motivationalen Aspekte geschichtlich handelnder Personen »auf akzidentielle

Bestimmungen von Interaktionssystemen, ohne ihre Verankerung in den objektiven Strukturen aufzeigen zu können«.

Als relativ gelungenen Ansatz zur Analyse des Wechselspiels zwischen subjektiver und objektiver Struktur betrachtet Schmid-Noerr Borkenaus *Zwei Abhandlungen zur griechischen Mythologie* (1957). In diesem Aufsatz wird durch Abtragung verschiedener historischer Schichten »hinter« der Sophokleisch-Freudschen Vater-Sohn-Rivalität und dem Mutter-Sohn-Inzest (klassische Zeit) die Nötigung der Mutter-Königin-Priesterin durch den »Sohn« (mykenische Zeit) sichtbar und in der letzten Schicht die rituelle sexuelle Vereinigung (hieros gamos) des »Sohnes« (paredros) mit der Mutter-Göttin-Priesterin (minoische Zeit). Borkenaus Deutung ist sehr interessant. Ihr argumentativer Schwerpunkt ist aber historisch. Psychoanalytische Interpretationsansätze erscheinen als kollektiv-psychologische Mechanismen (Trauma, Verdrängung, Darstellung durch das Gegenteil) im Konflikt zwischen den thebanischen Ureinwohnern (Laios, Jokaste) und den thessalischen Eroberern (Ödipus) einerseits und zwischen den verschiedenen Moralvorstellungen der aufeinander folgenden Geschichtsepochen andererseits. Die Schmid-Noerr so beeindruckende scheinbar harmonische Integration von historischer und psychoanalytischer Methode beruht darauf, daß Borkenau mit leichter Hand historische »Fakten« konstruiert, und die Psychoanalyse dabei keine eigenständige, sondern lediglich eine beiläufige Rolle im Rahmen primär historischer Überlegungen spielt. Von einer gleichgewichtigen Beteiligung der Psychoanalyse bei Borkenaus Interpretation des Ödipusmythos kann also nicht die Rede sein. Sein Umgang mit der Psychoanalyse ist geprägt durch einen historisierenden Konkretismus und Mißverständnisse hinsichtlich der ihr eigenen Verständnisebene.

Wie gesagt, entfaltet sich die psychoanalytische Deutung auf der Ebene der subjektiven Struktur, das heißt, sie setzt auf ein Subjekt – in unserem Diskussionszusammenhang das Subjekt Ödipus. Unter dieser Voraussetzung entwickelt die klinische Methode der Psychoanalyse ihre Kraft bei der Erhellung unbewußter Sinnbezüge. Borkenaus Interpretation geht das Subjekt Ödipus schon von Anfang an verloren. An seine Stelle treten kollektive Subjekte – die Minoer, Thebaner, Thessaler, die Geschichte machen und Geschichten produzieren. Eine dieser Geschichten ist Ödipus, der nur verstehbar wird in bezug auf reale, besser, auf als real angenommene Ereignisse. Die subjektive Struktur der Geschichten in sich bleibt aber durch die historische Methode unerhellt. Hier setzt die Psychoanalyse ein.

Es bleibt also dabei: Die Wege der historischen und der psychoanalytischen Sichtweise gehen in verschiedenen Richtungen. Eine Methode ist nicht in der Lage, die andere zu ersetzen. Allerdings kann der Psychoanalytiker vom Historiker lernen, die Grenzen der Gültigkeit seiner Deutung besser zu erkennen und mißtrauischer zu sein gegen seine Neigung, mit anthropologischen Konstanten zu operieren.

*Die Besonderheit psychoanalytischen Mythenverständnisses unter kulturphilosophischer Perspektive*

Die fünf referierten Kulturphilosophen äußern sich relativ übereinstimmend über den Ursprung des Mythos.

Nietzsche (1871: 58) sieht ihn in den »Schrecken und Entsetzlichkeiten des Daseins«, die durch die glänzenden Gestalten der olympischen Götter »fortwährend von neuem überwunden« und »dem Anblick entzogen« würden. Die »Schrecken und Entsetzlichkeiten des Daseins« werden spezifiziert in »die titanischen Mächte der« (äußeren) »Natur« und in die durch die familialen Beziehungen sozialisierten Mächte der inneren Natur, die, wenn wir sie interpretieren, den von Freud für die Mythogonie beschriebenen Konstellationen entsprechen: Kastration (Geier des Prometheus), positiver Ödipuskomplex: Vatermord und Inzest (Ödipus), negativer Ödipuskomplex: Muttermord und »homosexuelle« Hinwendung zum Vater (Orest).

Horkheimer und Adorno (1947) betonen in Aufnahme und dialektischer Weiterverarbeitung des Ansatzes von Nietzsche in sehr detaillierter Weise die Übermacht der äußeren Natur und den mimetischen Umgang des Menschen mit ihr als Ausgangspunkt der Mythenbildung.

Blumenberg (1979) faßt die Ursprungstheorien Nietzsches, Freuds, Horkheimers und Adornos in die beiden Begriffe: »Absolutismus der Wirklichkeit« und »Absolutismus des Wunsches«, deren Kompromiß das mythenbildende Moment sei.

Kolakowski (1972) bezeichnet die für den Menschen unerträgliche »Gleichgültigkeit der Welt« als deren mythenprovozierende Eigenschaft.

Freuds Ansatz ist ein anderer. Sein klinischer Ausgangspunkt verweist ihn auf die erste (subjektive Struktur) und die zweite Ebene (Sozialisation), wobei die Generalisierung seiner für die ersten beiden Analyseebenen adäquaten klinischen Methode auf die dritte Stufe – wie zuvor dargelegt – ein psychologistischer Übergriff ist und daher nicht ausreichend begründet werden kann. Inhaltlich ist seine Annahme, der erste Mythos sei der psychologische Heroenmythos und nicht der Naturmythos gewesen (Freud 1921: 152), aufgrund der bisherigen Ausführungen sehr zweifelhaft. Der Heroenmythos, wie er ihn in der zitierten Stelle beschreibt, setzt ein differenziertes familiales Beziehungsgefüge voraus, während das zeitliche Zusammenfallen der Entstehung von Mythos und Kultur viel wahrscheinlicher sein dürfte.

Freuds Mythostheorie behält also ihren ursprünglich *endopsychischen* Gesichtspunkt über alle Stationen ihrer Entwicklung konstant bei. Die Bedingungen der äußeren Natur und der gesellschaftlich-historischen Auseinandersetzung finden darin keine ausreichende Repräsentanz. Gelegentlich weist Freud zwar darauf hin, »daß die religiösen Vorstellungen aus dem selben Bedürfnis hervorgegangen sind wie alle anderen Errungenschaften der Kultur, aus der Notwendigkeit, sich gegen die erdrückende Übermacht der Natur zu verteidigen«. (1927: 343) Ebenso erwähnt er hin und wieder die Güterproduktion, doch ist er immer wieder schnell »unversehens aus dem Ökonomischen ins Psychologische hinübergeglitten«. (1927: 330)

Freud hat eine Scheu, den Bereich subjektiven Erlebens und dessen Verarbeitung als den Ort seiner unmittelbaren klinischen Erfahrung zu verlassen, und wird nicht müde zu versichern, »die Deutung der Mythen, ihre Zurückführung auf die bekannten unbewußten Kindheitskomplexe, der Ersatz astraler Erklärungen durch menschliche Motivierung« sei »in vielen Fällen« von Erfolg gewesen. (1925: 95) Selbst »die Not des Lebens«, ein Begriff, der in besonderer Weise dazu provozieren könnte, auf dem Boden der Dialektik zwischen gesellschaftlicher Objektivität bzw. äußerer Natur und Subjektivität zu argumentieren, wird endopsychisch gefaßt, indem sie »in der Form der großen Körperbedürfnisse« (Freud 1900: 571) an den Menschen herantritt.

Bei aller notwendigen Kritik an Freuds biologisierender Gesellschaftstheorie darf die symbolische Relevanz seiner Urhordenkonstruktion nicht verkannt werden. Freud beschreibt die Wahrheit, wenn er feststellt, »daß *allen* historischen Formen des Realitätsprinzips in der Kultur eine verdrängende (unterdrükkende) Organisation der Triebe zugrunde liegt«. (H. Marcuse 1969: 39) Die Gewaltzusammenhänge der Urhordensozietät und deren internalisierte Tradierung halten die Einsicht fest, »daß die Kultur ihren Fortschritt stets als organisierte *Herrschaft* vollzogen hat ... Gerade weil alle Kultur organisierte Herrschaft war, nimmt die historische Entwicklung die Würde und Notwendigkeit einer universellen biologischen Entwicklung an.

Der ›unhistorische‹ Charakter der Freudschen Begriffe enthält so die Elemente seines Gegenteils: ihre historische Substanz muß wieder erfaßt werden, nicht indem man ein paar soziologische Faktoren hinzufügt (wie es die ›kulturellen‹ neofreudianischen Schulen unternehmen), sondern indem man ihren eigenen Gehalt entwickelt.« (H. Marcuse 1969: 39)

Die Besonderheit und Stärke von Freuds Theorie des Mythos liegt darin, daß sie eine unübertroffen differenzierte Darstellung vom »Absolutismus des Wunsches« gibt. Ihre Schwäche und Begrenzung ist darin zu sehen, daß sie keinen ausreichenden Begriff vom »Absolutismus der Wirklichkeit« entwickelt hat und aufgrund ihrer Methode auch schwerlich entwickeln kann.

Der nächste noch weiter zu klärende Punkt betrifft weniger die Genese des Mythos als seine erkenntnistheoretische Struktur. Die Abwehrfunktion des Mythos wird ebenso wie von Freud auch von allen fünf referierten Kulturphilosophen als konstitutiv angenommen. Damit ist auch das Problem von Wahrheit und Täuschung, das heißt Illusion, aufgeworfen.

Die Kulturphilosophen beschreiben den Mythos als Einheit von Wahrheit und Illusion. Lediglich Kolakowski (1972) kann dazu eine andere Position einnehmen, da er den Begriff des Logos sehr eng faßt, indem er ihn von »dem mythologisch-symbolischen Stamm« unserer Einstellung zur Welt abtrennt und ihn ausschließlich auf den »technologischen« verweist.

Dadurch ist Kolakowski gezwungen, die kommunikative Verbundenheit des Menschen mit sich selbst, seiner Umwelt und Welt hauptsächlich als eine mythische (symbolische) zu bezeichnen, da der Mensch die strikt »wissenschaftlich-technologische« Haltung lebenspraktisch ständig überschreitet. Verließe Kolakowski seine phänomenologisch-klassifizierende Position und betrachtete die Relation Mythos-Logos unter dem Aspekt geistesgeschichtlicher Entwicklung wie Nietzsche, Horkheimer, Adorno und Blumenberg, käme auch er an der engen Verzahnung von Mythos und Logos im mythischen Phänomen selbst nicht vorbei.

Freud sieht im Mythos eine Illusion, ein Umlügen der Realität als Wunscherfüllung und Abwehr. Drei Gründe hindern ihn vor allem, den Logos explizit mit dem Mythos in Beziehung zu bringen:

- Sein klinischer Ausgangspunkt, der ihn tagtäglich lehrt, daß nur die ständige Bereitschaft, alle Äußerungen des Analysanden und seiner selbst unter dem Aspekt der Abwehr und Wunscherfüllung zu sehen, zu den Wurzeln der Triebwünsche führt. Jede »anagogische« Sichtweise steht deshalb in dem begründeten Verdacht, sie diene dem Widerstand und sei letztlich affirmativ.
- Seine Wissenschaftsgläubigkeit, die ihn überzeugt sein läßt, daß »die Wissenschaft keine Illusion ist« (1927: 379) und daß »unser Gott Logos« dazu legitimiert und imstande sei, den Platz der historischen Götter und Heroen einzunehmen.
- Seine unhistorische Sichtweise des Mythos. Denn nur die historische Perspektive bringt die Relation Mythos-Logos ins Visier, wie Horkheimer und Adorno (1947) gezeigt haben.

In der Reduktion auf ausschließlich psychologische Prozesse läßt sich das Verhältnis Mythos-Logos umformulieren in die Frage: In welcher Beziehung steht das Denken (Logos) zum Traum und zum Tagtraum, den Paradigmata der psychologischen Struktur von Mythen?

Für Freud ist »der Traum ... im Grunde nichts anderes als eine besondere *Form* unseres Denkens, die durch die Bedingungen des Schlafzustandes ermöglicht wird«. (1900: 510) Er beschreibt die Manifestationsformen dieses Denkens aber als sehr regressive und stellt dabei fest, »daß alle Denkrelationen der Traumgedanken bei der Traumarbeit verlorengehen und nur mühseligen Ausdruck finden ... Das Gefüge der Traumgedanken wird bei der Regression in sein Rohmaterial aufgelöst.« (1900: 548f.) Daraus folgt, »daß die härtesten Urteile der Autoren über die niedrige psychische Leistung des Traumes uns wohl angebracht dünken müssen«. (1900: 597) Das Auftreten hochstrukturierter Denkleistungen im Traum ist deshalb nicht ein Ergebnis der Traumarbeit, sondern deren Rückgriff auf die Erinnerung eines bei Schlafbeginn schon vorliegenden unbewußten (das heißt vorbewußten) Denkprozesses des Tages. Freud sieht darin lediglich den Hinweis, *»daß die kompliziertesten Denkleistungen ohne Mittun des Bewußtseins möglich sind«*. (1900: 598) Zeit seines Lebens hält er an der Meinung fest, daß die Lösungen schwieriger intellektueller Probleme, »die komplizierten Vorgänge von Auswahl, Verwerfung und Entscheidung ... dem Bewußtsein entzogen« sein können. (1938: 145)

Wenn wir die Theorie Freuds über den Traum und gleichzeitig diejenige von Nietzsche, vor allem von Horkheimer, Adorno und Blumenberg, der Mythos sei schon Arbeit des Logos, akzeptieren wollen, kommen wir zu dem Schluß, daß der Traum nicht das im Rahmen der Psychoanalyse beste Paradigma für den Mythos ist. Der *Tagtraum*, den Freud 1921 in diesem Zusammenhang an die Stelle des Traums setzt, erfüllt diese Funktion besser. In der Tagtraumphantasie kann sich das bewußte und vorbewußte Denken potentiell in seiner ganzen Differenziertheit entfalten.

In seinen Äußerungen über die Phantasie vernachläßigt Freud diesen Punkt weitgehend, weil für ihn als Kliniker der Wunscherfüllungs- und Abwehraspekt wichtiger sind, und weil die geistige Produktivität der Phantasie allgemein bekannt und akzeptiert ist. Dafür haben nicht nur Herder, Goethe und Schiller, sondern auch die Dichter und Philosophen der Romantik gesorgt. Die Psychoanalyse hat hier nicht etwas Bekanntes in Frage gestellt, sondern – wie so oft – etwas Neues hinzugefügt. Das ist vor allem die Abwehrbedeutung der Phantasie. Ihr Wunscherfüllungsaspekt ist schon lange Allgemeingut.

Abschließend ist also festzustellen, daß die These, der Mythos beinhalte auch den Logos, mit dem späteren psychoanalytischen Paradigma des Mythos, dem *Tagtraum*, in Einklang steht.

Kubie (1958), Beres (1960), Sandler und Nagera (1963) haben die progressiv-antizipatorischen und kreativen Seiten der Phantasie stärker herausgearbeitet. Auf etwa dem durch Sandler und Nagera (1963) vertretenen ichpsychologischen Niveau gibt Arlow (1961) eine Definition des Mythos als Sozialisationsinstanz. Demnach trägt der Mythos als kollektiv geteilte Phantasie zur Identitätsbildung des einzelnen bei, indem er Identifikationsmöglichkeiten (Idealbilder) anbietet, die der Ichideal-, Überich- und Ichbildung dienen. Er bietet Definitionen, Problemlösungsvorschläge und illusionäre Ersatzbefriedigungen, die den strukturierten Triebaufschub ermöglichen, der für die psychische Entwicklung des Individuums notwendig ist. Der Mythos leistet damit einen wesentlichen Anteil für die psychische Stabilisierung der Gemeinschaft und des einzelnen, wie es in ähnlicher Weise der Traum für das Individuum tut. Weitere Überlegungen zur sozialisatorischen Funktion des Mythos finden sich bei M. Kanzer (1964), M. Stern (1964), S. Tarachow (1964) und N. B. Atkins (1970).

Diese in typisch psychoanalytischer Weise immer noch stark das Illusorische der kollektiven mythischen Phantasie betonende Auffassung verändert sich durch Einbettung in einen historischen Betrachtungsrahmen ganz entscheidend. Nach H. Marcuse (1969: 148) besteht »die kritische Funktion der Phantasie ... in ihrer Weigerung, die vom Realitätsprinzip verhängte Beschränkung des Glücks und der Freiheit als endgültig hinzunehmen, in ihrer Weigerung, zu vergessen, was sein könnte«. Wo Freud die Illusion sieht, erblickt Marcuse ein Wissen um eine noch nicht realisierte, aber potentiell realisierbare Möglichkeit. E. Bloch (1959) geht noch einen Schritt weiter, indem er nicht nur die Hoffnungsmomente, die noch nicht eingelöste Utopie in den kollektiven Phantasien, den Mythen, untersucht, sondern auch die schöpferischen Möglichkeiten der Phantasie im Hinblick auf die Wahrnehmung des sich erst andeutenden radikal Neuen. Pohlen und Wittmann (1980) haben diese Ansätze Marcuses und Blochs zur Grundlage einer partiellen Neuformulierung und Ergänzung der psychoanalytischen Theorie der Phantasie gemacht, die diese progressiven Aspekte betont.[11]

## Zusammenfassung

Die vorausgegangene Auseinandersetzung mit dem Begriff des Mythos dient drei Zielen:

Sie soll zunächst einen Reflexionsraum eröffnen, innerhalb dessen die Spezifität und Begrenzung psychoanalytischen Mythenverständnisses transparenter wird.

Unmittelbar damit zusammenhängend soll sie bei der im nächsten Abschnitt folgenden Interpretation des Rätsels der Sphinx die Bedingungen schaffen, die Schranken der psychoanalytischen Deutung in Richtung einer historischen und erkenntnistheoretischen Erweiterung zu überschreiten und die Art dieser Überschreitungen auch methodisch formulierbar zu machen.

Schließlich soll sich damit im dritten Teil dieser Abhandlung die Möglichkeit eröffnen, die Grundlegung der Psychoanalyse durch Freud nicht – wie sonst üblich – nur unter dem Aspekt der Aufklärung zu sehen, sondern innerhalb der historischen Dialektik von *Mythos und Aufklärung*.

# *II*

# *Das Rätsel der Sphinx in psychoanalytischer, soziologisch-historischer und erkenntnistheoretischer Interpretation*

Statt als Spannung und Harmonie zwischen Apollinischem und Dionysischem läßt sich die griechische Tragödie verstehen als das *pathos*, das Echo eines Rätsels, einer Hieroglyphe.

*Giorgio Colli*

## Methodische Vorüberlegungen zur psychoanalytischen Deutung

Das Rätsel der Sphinx ist ein Teil des Ödipusmythos. Unter Ödipusmythos verstehe ich mit Kerényi (1958) alle Versionen dieses Themas von der archaischen Zeit Griechenlands bis zur späthellenistischen Epoche. Das umfaßt einen Zeitraum von etwa 700 Jahren. Es werden also alle Variationen der Sphinx-Thematik innerhalb dieses Zeitabschnitts, wie sie in der Literatur und in der bildenden Kunst – vor allem in der Vasenmalerei – erscheinen, Gegenstand der Erörterung sein.

Das Modell der psychoanalytischen Mytheninterpretation ist – wie dargelegt – der Tagtraum, der nach der Methode der Traumdeutung interpretiert wird.[1] Dabei wird zu zeigen sein, welche Modifikationen die auf dem klinischen Dialog basierende psychoanalytische Traumdeutung bei der Anwendung auf mythologische Texte erfährt.

Die Grundlage der (Tag-)Traumdeutung sind die freien Assoziationen des Träumers zu seinem Traum – wozu ich auch den assoziativen Gesamtverlauf der entsprechenden Analysestunde zähle –, der bisherige Verlauf der Analyse, das heißt die bisherige Beziehungsgeschichte zwischen Analytiker und Analysand, die Lebensgeschichte des Analysanden, die aktuelle Übertragungs-Gegenübertragungsebene, eine kollektive Symbolik und schließlich die klinische Theorie der Psychoanalyse. Bei Anwendung dieser Methode auf unseren mythischen Gegenstand ergibt sich die Frage: Wer ist der *Träumer*? Die Antwort lautet zunächst: Griechenland von der archaischen bis zur hellenistischen Epoche. Griechenland ist das kollektive »träumende« und phantasierende, das heißt mythenproduzierende Subjekt.

Da die Beibehaltung dieser Perspektive gleich zu einer historischen oder soziologischen Analyse führen würde und nicht zu einer psychoanalytischen Interpretation, ersetze ich das kollektive Subjekt *Griechenland* durch das mythische Subjekt *Ödipus* und mache damit Ödipus zum zentralen Punkt der Synthesis. Ödipus also hat geträumt. Mit dieser Festlegung bleibt der innere Zusammenhang der einzelnen mythischen Versionen gewahrt, wie er auch in der Auffassung, sie seien Emanationen des kollektiven Subjekts Griechenland, gegeben ist.

Als *(Tag-)Traum* behandele ich den größten zusammenhängenden Text über das Rätsel der Sphinx und die Lebensgeschichte von Ödipus. Da die beiden Epen *Thebais* und *Oidipodeia* und die Ödipusdramen von Aischylos und Euripides entweder gar nicht oder lediglich in einigen Satzfragmenten erhalten sind, entspricht nur die Tragödie *König Ödipus* von Sophokles diesem Kriterium.

Als *Assoziationen* zum »Traum« betrachte ich alle nichtsophokleischen griechischen Versionen der Sphinx-Episode in Literatur und bildender Kunst.

Diese Plazierung der verschiedenen Varianten des Ödipusmythos auf derselben zeitlichen Ebene, die – wenn wir nur den Zeitraum ihrer schriftlichen Kodifizierung berücksichtigen – eine Spanne von etwa 700 Jahren umfassen und aus den verschiedensten Gegenden Griechenlands und seiner Kolonien (Kleinasien, Sizilien, Unteritalien) stammen, beinhaltet eine Enthistorisierung des Ödipusmythos. Dieses Problem ist, abgesehen von der psychoanalytischen Methode, die eine solche Anordnung fordert, nicht anders lösbar, da der Zeitpunkt der schriftlichen Fixierung einer Version nicht mit ihren Alter zusammenfällt; oft greifen späte Dichter auf ganz alte Quellen zurück, die selbst meist nicht mehr zeitlich lokalisierbar sind. (Vgl. Kerényi 1958) Außerdem gibt es mit Ausnahme der beiden Ödipusdramen von Sophokles keine vollständigen griechischen Texte über Ödipus. Die meisten Versionen basieren auf Fragmenten oder auf Details von Texten mit anderem thematischen Schwerpunkt.

Der *Lebensgeschichte* des Analysanden entspricht die Lebensgeschichte von Ödipus in der Darstellung von Sophokles.

Das Pendant für den bisherigen *Verlauf der Analyse*, das heißt die *Beziehungsgeschichte* zwischen Analytiker und Analysand, ist die bisherige Beziehungsgeschichte zwischen mir und dem antiken Griechenland, Ödipus und der Sphinx. Meine erste intensive Kontaktaufnahme mit dem antiken Griechenland[2] fällt ungefähr in denselben Zeitraum wie meine erste Freud-Lektüre. Beide Erlebnisse waren für mich sehr nachhaltig.

Meine unbewußte Beziehung zu dem Ödipusthema beschränkt sich auf meine eigenen Übertragungen dazu. Dagegen entwickeln Ödipus oder die Sphinx selbstverständlich keine

Übertragungen mir gegenüber und ich dementsprechend im strengen Sinn auch keine Gegenübertragung. Diese Unmöglichkeit der Übertragungs-Gegenübertragungsanalyse ist die bedeutsamste Modifikation der klinischen Methode bei ihrer Anwendung auf die Interpretation von mythologischen Texten. Trotzdem bietet die Analyse eigener Übetragungen auf dieses brisante Thema viel Stoff. Natürlich ist meine Sichtweise der Ödipus-Sphinx-Thematik durch die Spezifität meines eigenen Ödipuskomplexes mitbestimmt. Der erste spontane Interpretationsansatz enthielt in sehr deutlicher Weise meine persönlichen Akzentsetzungen, die durch geduldiges Studium meiner eigenen Gefühle, Einfälle, der verschiedenen Texte und bildlichen Darstellungen erweitert werden konnten und an Differenzierung zunahmen. Das Prinzip der »gleichschwebenden Aufmerksamkeit« vernachlässigte ich längere Zeit auf das gröbste. Meine ebenso spontane wie totale Identifikation mit Ödipus wurde ständig unterstützt durch meine theoretische Festlegung, die Ödipus zum zentralen Punkt der Synthese macht. Diese Haltung änderte sich erst, als ich begann, die bildlichen Darstellungen der Sphinx zu studieren, die im Gegensatz zu den kärglichen literarischen Beschreibungen eine überraschende Ausdrucksfülle haben. Mein zunehmendes Interesse an den verschiedenen Aspekten der Sphinx selbst brachte mich dazu, versuchsweise sie zum Ort der Synthesis zu machen, und die Situation von ihrer Warte aus aufzurollen. Das daraus folgende Ergebnis ist die Erkenntnis, daß ich drauf und dran war, die Verblendung des Ödipus im Umgang mit seinem Mythos zu wiederholen durch eine Argumentation aus einer ausschließlich männlichen Perspektive.

*Symboldeutungen*, wie sie Freud (1900) für die typischen Träume empfiehlt, und Ableitungen aus der *klinischen Theorie* sollen so sparsam wie möglich erfolgen.

Ich verzichte auch auf kasuistische und ethnologische Parallelen zu dem mythischen Stoff, obwohl ich sie nicht grundsätzlich für unangebracht halte. Anders als zum Beispiel Rank verfolge ich jedoch nicht das Ziel, eine psychoanalytische Hypothese, z.B. das Inzestmotiv (Rank 1912), typische mythologische Konstellationen wie »die Geburt des Helden« (Rank 1909) herauszuarbeiten oder die Ubiquität bestimmter psychoanalytischer

Annahmen (Ödipuskomplex) nachzuweisen. Mein Interesse zielt auf den Mythos selbst, soweit er psychoanalytisch und auch noch ein Stück darüber hinaus erschließbar ist. Daher versuche ich methodisch strikt nach dem klinischen Prinzip zu verfahren, mich konkret an dem zu orientieren, was der griechische »Analysand« mitteilt, und die Theorie, soweit möglich, zurückzustellen, um den »Analysanden« nicht zu sehr durch deduzierte theoretische Klischees einzuengen. Natürlich ist diese Absicht cum grano salis zu verstehen, da die Methode nicht unabhängig von der Theorie ist.

Leider ist diese gute Absicht nur begrenzt zu verfolgen, da kein großer zusammenhängender griechischer Text über das Rätsel der Sphinx existiert. Das Ausgangsmaterial besteht aus einer Vielzahl knapper, eher beiläufiger Erwähnungen in Texten, die einen anderen thematischen Schwerpunkt haben, oder aus Darstellungen in Vasenbildern und Reliefs. Dadurch kommt die Theorie als verknüpfendes Band dieser etwas atomisierten Einzeldaten zwangsläufig früher ins Spiel, als ich es möchte.

## Die griechischen Versionen des Ödipus-Sphinx-Mythos

Zunächst gebe ich die mythologischen Vorinformationen: Die Gründung Thebens, die Lebensgeschichte des Ödipus nach Sophokles, Ödipus und die Sphinx. Anschließend erfolgt die Interpretation.

### *Die Gründung Thebens*

Nach den Ausführungen Kerényis (1958: 34-44) kommt der phönizische Königssohn Kadmos auf der Suche nach seiner von Zeus entführten Schwester Europa auf Weisung des delphischen Orakels in die Gegend des späteren Theben und erschlägt dort eine schreckliche Schlange, einen Sohn des Kriegsgottes Ares. Anschließend sät er dessen Zähne auf den Rat der Göttin Athene in die Erde. Es erwächst daraus eine Schar von bewaffneten Kriegern, die sich gegenseitig töten bis auf fünf Mann. Diese, genannt Sparten (*spartoi* = die Ausgesäten), erbauen zusammen die Stadt Theben und werden die Ahnen der dort herrschenden Geschlechter. Kadmos heiratet Harmonia, die Tochter des Ares. »Nur diejenigen, die die Gründungsgeschichte ganz im Geist des delphischen Gottes erzählen wollten, ließen Kadmos zuerst noch ein großes Jahr – acht gewöhnliche Jahre – dem Ares zur Buße dienen, wie auch Apollo nach seiner Drachentötung büßen mußte.« (Kerényi 1958: 41) Später verwandelten sich Kadmos und Harmonia selbst in Schlangen und verschwanden in der Erde.

*Die Lebensgeschichte von Ödipus (nach Sophokles)*

Die Eltern von Ödipus, Thebens König Laios, ein Urenkel von Kadmos, und seine Frau Jokaste, erhalten vom delphischen Orakel die dreimalige Warnung, wenn sie einen Sohn zeugten, würde dieser seinen Vater töten. Laios zeugt im Rausch oder – in einer anderen Version – verführt durch die Sinnlichkeit seiner Gemahlin, einen Sohn und handelt so der dringenden Warnung Apollos entgegen. Um der schlimmen Prophezeiung zu entgehen, läßt Laios seinen Sohn Ödipus drei Tage nach der Geburt aussetzen. Dabei übergibt Jokaste den Knaben eigenhändig einem Hirten, der ihn im Kithairongebirge aussetzen soll. Zuvor werden ihm beide Fußgelenke mit einer goldenen Spange durchbohrt. Davon hat Ödipus, griechisch Oidipus, seinen Namen, »Schwellfuß« (*oidein* = schwellen; *pous* = Fuß). Der Hirte Euphorbos übergibt den Knaben aus Mitleid einem Hirten des Königs Polybos von Korinth, der ihn seinem kinderlosen König und dessen Gemahlin Merope aushändigt. Diese nehmen Ödipus an und ziehen ihn liebevoll auf wie ihr eigenes Kind. Als er herangewachsen ist, hört er eines Tages von einem betrunkenen Gast, daß er nicht der leibliche Sohn des Königspaares von Korinth sei. Auf entsprechende Fragen versuchen die Stiefeltern seine Zweifel zu zerstreuen. Unsicher macht er sich auf den Weg nach Delphi, um Apollos Orakel zu befragen. Dort erhält er den Spruch, er werde seinen Vater töten und seine Mutter ehelichen. Um das zu vermeiden, beschließt er, nicht mehr nach Korinth zurückzukehren. Er schlägt die Richtung nach Phokis ein und trifft an einer Wegscheide als einsamer Wanderer auf Laios mit seinen Begleitern. Da Ödipus dem Gefährt des Königs nicht Platz machen will, entsteht ein Streit, bei dem Ödipus den Laios mit all seinen Begleitern erschlägt, mit Ausnahme eines

Mannes, der sich durch Flucht retten kann. Dieser Mann ist eben der Hirte, der Ödipus als kleines Kind an die Leute des Königs Polybos gegeben hat. Ödipus geht dann weiter in Richtung Theben und trifft dabei auf die Sphinx. Die Sphinx ist ein dämonisches Wesen, halb Frau, halb Löwin mit Flügeln. Sie liegt in der Nähe Thebens auf der Lauer und raubt Jünglinge, die sie packt, im Fluge wegträgt und sie dann auffrißt, wenn sie das Rätsel, das sie ihnen aufgibt, nicht lösen können. Das berühmte Rätsel lautet: Was geht am Morgen auf vier, am Mittag auf zwei und am Abend auf drei Füßen?

Auch Ödipus wird mit diesem Rätsel konfrontiert. Er antwortet darauf, es sei der Mensch, der am Morgen seines Lebens auf allen vieren gehe, als Erwachsener am Mittag seines Lebens auf zwei Beinen und als alter Mensch am Abend seines Lebens am Stock, also auf drei Beinen gehe. Die Sphinx gibt sich hierauf geschlagen und stürzt sich in den Abgrund. Ödipus zieht als umjubelter Sieger in Theben ein und bekommt die Hand Jokastes, seiner ihm unbekannten Mutter, und den Thron zugesprochen. Ödipus herrscht als weiser und gerechter König über Theben und hat zusammen mit Jokaste zwei Söhne und zwei Töchter. Im 20. Jahr seines Zusammenlebens mit Jokaste kommt eine fürchterliche Pest über die Stadt, die nach Apollos Spruch nur unter der Bedingung wieder verschwinden wird, wenn der Mörder des Laios gefunden und der Mord gesühnt ist. Zur Auffindung des Mörders wird der Seher Teiresias bemüht, der erst unter Druck mitteilt, daß Ödipus selbst der Mörder des Laios sei. Durch das Zeugnis der beiden Hirten, des thebanischen, der Ödipus als Neugeborenen an den korinthischen weitergab, und des korinthischen, der Ödipus dem Polybos brachte, werden Inzest und Vatermord offenbar. Jokaste erhängt sich in ihrem Schlafzimmer und Ödipus blendet sich mit einer goldenen Nadel aus dem Gewand der Jokaste.

Entsprechend seiner eigenen Verfügung, der Mörder müsse des Landes verwiesen werden und niemand dürfe ihm Unterkunft gewähren, zieht Ödipus bettelnd durch die Lande, geführt von seiner Tochter Antigone. Auf dem Hügel Kolonos bei Athen »stirbt« er, indem er im Hain der mütterlichen Rachegöttinnen (Erynien) in eine Erdspalte aufgenommen wird, zu der er sich auf den Ruf eines Gottes (Apollo?) begibt.

*Die Herkunft der Sphinx*

Die Sphinx, ein uralter Gestalttypus, der schon zu Beginn des alten Reiches in Ägypten auftritt und im Laufe der ägyptischen Kulturentwicklung eine Gottheit (Sonnengott) oder den Pharao oder beide symbolisierte, kam über Syrien nach Kreta und verbreitete sich von da aus über Griechenland. (Schachermeyer 1979) Das in Ägypten primär männliche Geschlecht der Sphinx wird im kleinasiatischen Raum zunehmend weiblich, um in der griechischen Mythologie ausschließlichen weiblichen Charakter zu bekommen. In der griechischen Kunst und Literatur wird sie dargestellt mit weiblichem Oberkörper und einem Löwenleib mit Flügeln. Die Ableitung ihres Namens von *sphingein* (= würgen) hält von Geisau (1979) für Volksetymologie und meint, die Sphinx habe ihren Namen schon aus Ägypten mitgebracht, wo er »lebendes Abbild« bedeutet.

Die folgenden Ausführungen über die Sphinx orientieren sich an den Artikeln von Ilberg (1915) und Höfer (1915) in Roschers Lexikon der griechischen und römischen Antike. Jede Bezugnahme auf weitere Literatur wird gesondert vermerkt.

Hinsichtlich der Herkunft der Sphinx gibt es in der griechischen Mythologie folgende Versionen:

1. Nach der häufigsten Version sind die Eltern der Sphinx die in einer unterirdischen Höhle wohnende Schlangengöttin Echidna (obere Körperhälfte Frau, untere Körperhälfte Schlange) und der schreckliche Gigant Typhon (Typheus).
2. Die Sphinx stammt aus einem Inzest der Echidna mit ihrem Sohn, dem mehrköpfigen Höllenhund Orthos.
3. Die Sphinx ist eine uneheliche Tochter des Laios, von dem sie als einziges seiner unehelichen Kinder über einen alten delphischen Orakelspruch, das Rätsel, informiert ist. Sie tötet alle ihre Geschwister, die diesen Spruch nicht kennen, bis Ödipus kommt, der durch einen Traum den Orakelspruch erfahren hat.
4. Die Sphinx ist eine Thebanerin, die durch das Wirken des Gottes Dionysos zusammen mit den Töchtern des thebanischen Urvaters Kadmos rasend und verwandelt wurde.
5. Die Sphinx stammt aus dem Kithairongebirge, wo das Heiligtum der Hera Gamostolos (= Schützerin der Ehe) liegt und wo Ödipus als Kleinkind ausgesetzt wurde.

*Die Bedrohung Thebens durch die Sphinx*
Die Sphinx haust im Phikeiongebirge in der Nähe Thebens. Sie raubt thebanische Jünglinge, die sie packt, im Fluge wegträgt und auffrißt. Sie lauert entweder in der Nähe Thebens oder sitzt auf einer Säule des Marktplatzes der Stadt (Vasenmalerei) und wartet gierig, ob die Thebaner das Rätsel lösen. Jedesmal wenn das Rätsel nicht gelöst wird, packt sie einen Jüngling und trägt ihn mit sich weg. Folgende Motive werden dafür genannt:

1. Die durch die homosexuelle Liebe des Laios zu Chrysippos und die damit verbundene Vernachlässigung Jokastes sehr erzürnte Ehegöttin Hera sendet das Ungeheuer zur Strafe in das thebanische Land.
2. Der Gott Dionysos schickt die Sphinx aus Rache gegen seine Mutterstadt – die Tochter des Kadmos, Semele, ist nämlich seine Mutter –, die ihn nicht aufnehmen und ihm göttliche Ehren erweisen wollte. (Kerényi 1958: 110)
3. Der Kriegsgott Ares schickt die Sphinx aus Groll über die Tötung der Schlange, seines Sohnes, durch den thebanischen Urvater Kadmos.
4. Hades, der Gott der Unterwelt, sendet die Sphinx aus ungeklärten Gründen zum Verderben Thebens.

*Ödipus und die Sphinx*
Uns sind folgende Versionen aus der griechischen Literatur bekannt:

1. Ödipus trifft nach der Tötung seines Vaters zufällig auf die Sphinx.
2. Ödipus sucht die Sphinx gezielt auf, um sich mit ihr zu messen. Er folgt damit einem Aufruf Kreons, des Bruders von Jokaste, der dem gegen die Sphinx Erfolgreichen die Hand seiner Schwester und den Thron Thebens verspricht.
3. Die Sphinx legt Ödipus singend das bekannte Rätsel vor: Was geht am Morgen auf vier, am Mittag auf zwei und am Abend auf drei Füßen?

   Eine zweite Version des Rätsels lautet: »Ein Zweifüßiges gibt es auf Erden und ein Vierfüßiges mit dem gleichen Wort gerufen, und auch dreifüßig. Die Gestalt ändert es allein von allen Lebewesen ... Schreitet es sich auf die meisten Füße stützend, ist seine Schnelligkeit am geringsten.« (Kerényi 1958: 111)

Ödipus antwortet auf das Rätsel, das sei der Mensch. Am Morgen seines Leben gehe er auf vier, am Mittag auf zwei und am Abend des Lebens stütze er sich auf einen Stock und gehe damit auf drei Füßen. Daraufhin gibt sich die Sphinx geschlagen.

In den meisten Versionen ist über die Herkunft des Rätsels nichts erwähnt. In einer Erzählung kommt es vom delphischen Orakel, in einer anderen von den Musen, den Begleiterinnen Apollos.

4. Ödipus löst das Rätsel nur zufällig, indem er eine Handbewegung macht, die von der Sphinx so verstanden wird, als habe er auf sich selbst gezeigt.
5. Als Ödipus das Rätsel gelöst hat, tötet sich die Sphinx selbst, indem sie sich in den Abgrund stürzt.
6. Ödipus stürzt sie in den Abgrund.
7. Die Sphinx zerfleischt sich selbst nach der Rätsellösung.
8. Ödipus tötet sie mit dem Schwert oder der Lanze statt oder nach der Rätsellösung (vgl. Abb. 1 und 3).
9. Die Sphinx ist Führerin einer Räuberbande, der Ödipus sich zum Schein anschließt, was dadurch gelingt, daß die Sphinx seine schöne Gestalt bewundert. Als eines Tages viele ihrer Genossen abwesend sind, tötet er sie mit seiner Lanze, legt ihre Leiche auf einen Esel und stellt sie auf dem Marktplatz von Theben zur Schau.
10. Die Sphinx macht als Führerin von Seeräubern die Küste von Anthedon und das Phikeiongebirge unsicher. Ödipus kommt von Korinth und macht ihrem Unwesen ein Ende.
11. Der thebanische Urvater Kadmos hat eine Amazone namens Sphinx zur Frau, als er nach Theben kommt. Sobald er aber Harmonia heiratet, sammelt die Sphinx aus Eifersucht ein Heer und bekriegt Kadmos. Endlich wird sie nachts von Ödipus, einem Korinther, überwältigt.

*Griechische Bildwerke von Ödipus und der Sphinx*

Die folgenden Beschreibungen sollen einen repräsentativen Eindruck von der Behandlung des Sphinx-Ödipus-Themas in der bildenden Kunst geben.

1. Ödipus, mit zwei Lanzen bewaffnet, erschlägt die Sphinx mit einer Keule (Vasenbild, vgl. auch Abb. 2).
2. Ödipus steht hinter der kleinen und zierlichen Sphinx, beugt sich über sie, hält ihr mit der Linken den Kopf und stößt ihr das Schwert in die Brust (Gemme), wie einem Opfer, das sich kampflos, ruhig und ergeben in sein Schicksal fügt.
3. Ödipus steht nackt mit Ziegenmaske (Attribut des Dionysos)) und erigiertem Phallus vor der Sphinx (Kanne).
4. Die von einem Strahlenkranz umgebene Sphinx wird von einem forteilenden Jüngling (Ödipus) mit einem Stein bedroht (Krater).
5. Die Sphinx hat den Unterleib eines männlichen Löwen mit Penis und stellt den linken Fuß auf einen menschlichen Schädel. Ödipus steht, bärtig, den Wanderstab in der Linken, die Rechte gestikulierend erhoben, vor ihr. Hinter der Sphinx steht eine Erynie (Aschenkiste). Das Erynienmotiv erscheint des öfteren auf Bildwerken (vgl. Abb. 11).
6. Ödipus, in einen Umhang (Chlamys) gehüllt, sich auf einen Wanderstab stützend, steht vor der Sphinx, die vor ihm auf ebener Erde sitzt (Vasenbild).
7. Ödipus mit zwei Lanzen, Panzer, Beinschienen und Rundschild, das als Episema eine Schlange trägt, steht der Sphinx, die auf einem dreistufigen Würfel sitzt, mit fixierendem Blick gegenüber (Lekythos).
8. Die Sphinx hat keinen Löwenschweif, sondern stattdessen eine Schlange.
9. Ödipus steht, den breiten Reisehut (Petasos) im Nacken, mit großer Chlamys, unter der die Spitze des Schwertes hervorschaut, der auf einem Felsen sitzenden, ernst und edel wirkenden Sphinx, Aug' in Auge gegenüber (Vasenbild). Dieses Motiv ist besonders häufig, meist aber mit der Abwandlung, daß die Sphinx etwas erhöht auf einem Felsen sitzt (vgl. Abb. 13 und 14).
10. Ödipus in Chlamys und hochgeschnürten Reisestiefeln (Kothurnen), das Schwert an der Seite, steht, die Linke in die Hüfte gestemmt, mit dem Zeigefinger der Rechten die Stirn berührend im Vordergrund, während im Hintergrund die Iliupersis (die Zerstörung Ilions, d.h. Trojas) zu sehen ist. Die Sphinx fehlt dabei (Homerischer Becher). Robert erklärt das

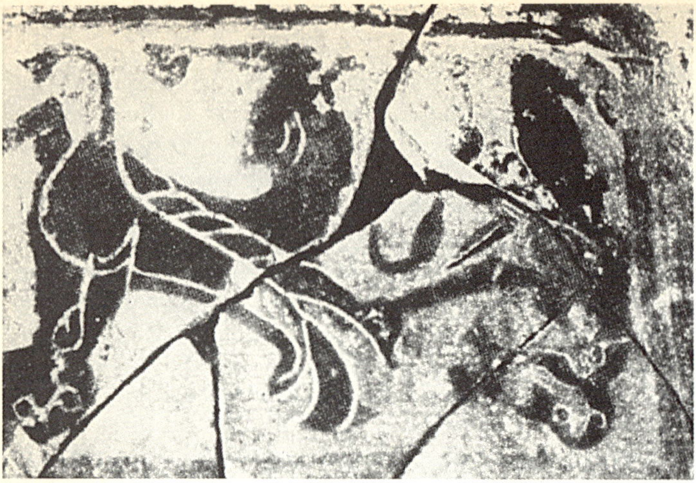

Abb. 1: Ödipus (?) mit dem Schwert packt die Sphinx am Flügel. Von einem Kantharos, Mitte 6. Jh. v. Chr.

Abb. 2: Ödipus erschlägt die Sphinx mit der Keule. Von einer Lekythos, Ende 6. Jh. v. Chr.

Abb. 3: Ödipus tötet die Sphinx mit der Lanze. Von einer attischen Lekythos, Marion , Zypern, 4. Jh. v. Chr.

Abb. 4: Antithetisches männliches Sphingenpaar mit Kopfranken. Teller, Korinth, um 580 v. Chr.

Abb. 5: Schreitende männliche Sphinx.
Bronzeblech, Eleutherae, 7. Jh. v. Chr.

Abb. 6: Die Sphinx gibt den Männern von Theben ihr Rätsel auf.
Von einer Pelike, um 450 v. Chr.

Abb. 7: Sphinx über einem niedergeworfenen Jüngling. Gemme, um 500 v. Chr.

Abb. 8: Sphinx mit ihrem Opfer und fliehenden Männern. Vasenbild, Syrakus, 6. Jh. v. Chr.

Abb. 9: Sphinxgruppe aus Ephesos. 2. Rekonstruktion von F. Eichler.

Abb. 10: Ödipus vor der Sphinx. Attische Schale, 470/460 v. Chr.

Abb. 11: Ödipus vor der Sphinx, links eine Erinys. Halsbild der Patroklos-Vase, 3. Jh. v. Chr.

Abb. 12: Lesende Sphinx. Abdruck eines Karneol-Skarabäus, um 480 v. Chr.

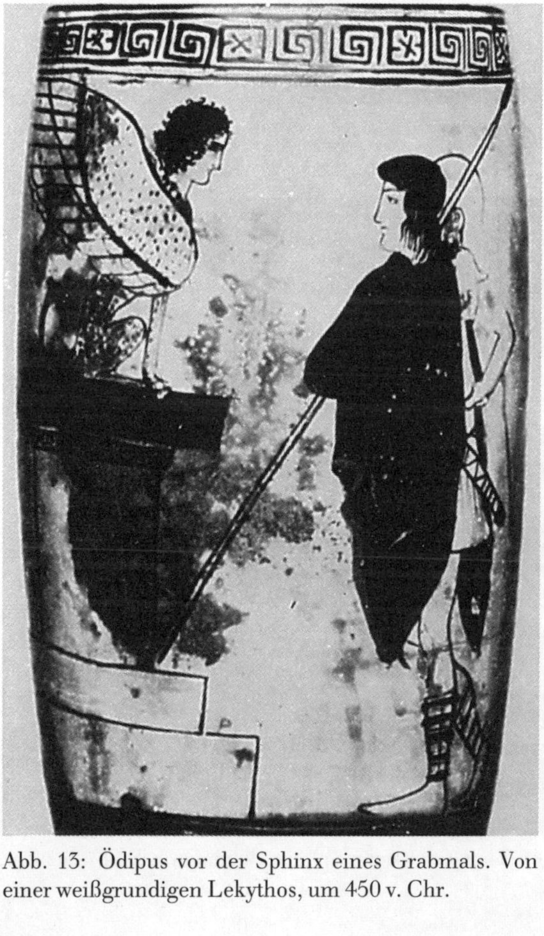

Abb. 13: Ödipus vor der Sphinx eines Grabmals. Von einer weißgrundigen Lekythos, um 450 v. Chr.

Abb. 14: Ödipus und Begleiter vor der Sphinx. Von einer Amphora, Mitte 5. Jh. v. Chr.

Abb. 15: Tongefäß in Gestalt einer Sphinx. Phanagorie, Südrußland, 4. Jh. v. Chr.

Abb. 16: Sphinxskulptur von einer Stele. Marmor, Athen (?), Mitte 5. Jh. v. Chr.

Abb. 17: Giorgio de Chirico, Ödipus und die Sphinx. Ölgemälde, 1968

damit, »daß der Töpfer zuerst einen Ödipusbecher habe machen wollen, durch die beschränkte Höhe aber veranlaßt worden sei, Figuren aus der Iliupersis darzustellen, die Figur des Ödipus aber ruhig habe stehen lassen, unbekümmert um den Zusammenhang«. (Höfer 1915: 723)

11. Ödipus, bärtig, bekleidet mit Chlamys, Petasos und Kothurnen, sitzt mit übergeschlagenen Beinen vor der Sphinx, die auf einer ionischen Säule sitzt (Kylix). Dieses Motiv gibt es in verschiedenen Variationen (vgl. Abb. 10).
12. Die Szene ist wie bei 11., doch steht zusätzlich hinter Ödipus ein fast nackter Jüngling (Amphore).
13. Ödipus und sein ebenfalls bärtiger Begleiter sitzen beide auf Klappstühlen vor der Sphinx. Hinter dieser steht ein Mann, der blinde Seher Teiresias oder Kreon, der Bruder Jokastes (Lekythos).
14. Ödipus, den Petasos im Nacken, mit Chlamys, das Schwert an der Seite, mit der Rechten die Lanze aufstützend, die Linke am Rundschild auf dem Boden, schaut ruhig stehend die Sphinx an, hinter der ein anderer Jüngling steht, aufmerksam zuhörend, die Linke auf den Sphinxfelsen gestützt (Vasenbild).
15. Um die kleine und zierliche, auf einer ionischen Säule sitzende Sphinx sind Männer versammelt. Im Vordergrund hebt Ödipus sich durch Reisetracht und Bewaffnung (Schwert, zwei Lanzen) von den anderen ab. Offensichtlich zeigt die Darstellung Ödipus bei den Thebanern (Vasenbild; vgl. Abb. 6).
16. Die Sphinx zwischen zwei auf Klappstühlen sitzenden Jünglingen, die bemüht sind, das Rätsel zu lösen (Vasenbild). Dieses Motiv ist verschiedentlich variiert.
17. Ödipus, von der oberen Mitte des Bildes kommend, tötet die klein, geduckt und unscheinbar dargestellte Sphinx mit der Lanze, während zu beiden Seiten Apollo, Athene, Aineias, Kastor und Polydeukes (Pollux), die beiden spartanischen Dioskuren, anwesend sind (Vasenbild; vgl. Abb. 3).
18. Vor der auf einer ionischen Säule sitzenden Sphinx steht statt Ödipus eine jugendliche Frauengestalt (Vasenbild).[3]

*Charakteristika der Sphinxdarstellungen in der griechischen Literatur und bildenden Kunst*

In der Literatur wird, soweit sie uns überliefert ist, konstant auf die Gefährlichkeit und Grausamkeit der Sphinx hingewiesen. Über ihr Aussehen selbst werden, außer der Hervorhebung ihrer habituellen Gestaltmerkmale, wenig Worte verloren.

In der bildenden Kunst wird sie relativ selten als destruktives Ungeheuer gezeigt. Es dominieren relativ friedliche Bilder. Des öfteren ist das Gesicht der Sphinx von großer Schönheit (vgl. Abb. 9, 10, 15, 16). »Ein feiner, durchdringender Verstand spricht auf der Mehrzahl dieser Bildwerke aus den Zügen der Wundergestalt; ihr Ausdruck, der in den Entführungsszenen aus dem Furchtbaren ins Schwermütige vergeistigt erscheint, ist hier der Situation entsprechend nach der intellektuellen Seite hin abgemildert; fest blickt sie dem Gegner ins Auge und senkt nur in wenigen Fällen wie betroffen den Blick.« (Höfer 1915: 1370) Dort, wo die Sphinx als die Entführerin von Jünglingen erscheint, ist der sexuelle Ausdruck der Szene meist sehr deutlich (vgl. Abb. 7, 8, 9).

Diese Diskrepanz zwischen den Sphinxdarstellungen in Literatur und Kunst ist sehr markant. Die ästhetisierende Abwehr gegen das archaische blutrünstige Gesicht der bösen Mutterimago ist unübersehbar. In denselben Zusammenhang gehört auch das gelegentliche Abgleiten der bildlichen Darstellung ins Alltägliche, Harmlos-Banale (vgl. Abb. 6 und 10). Trotzdem dürfen wir bei aller Anerkennung des Abwehrmotivs, das sich in der dekorativen Tendenz widerspiegelt, sich die Gebrauchsgegenstände des alltäglichen Lebens nicht mit Schauergestalten zu bemalen, nicht vergessen zu untersuchen, ob diese Züge von Anmut nicht auch in genuiner Weise zur Sphinx gehören. Die psychoanalytische Interpretation wird zeigen, daß das Verführerische ein Wesensmerkmal der Sphinx ist. Dazu paßt auch ihr Auftreten in der Nähe der Liebesgöttin Aphrodite (z.B. im Aphroditetempel von Aigina; unteritalienische Gefäße in Sphinxform mit Eroten und Sirenen).

Als Skulptur ist sie als Todesdämon und Wächter auf Gräbern zu sehen. Außerdem ist sie als Apotropaion dargestellt auf Waffen und Helmen, z.B. auf den Helmen von Ares, Athene, Achilleus. Sie diente auch als Stütze der Armlehnen des olympischen Zeus (von Pheidias) und als dekorativer Ersatz für Füße an Fußschemeln.

## Psychoanalytische Interpretation zum Rätsel der Sphinx

Freud (1905, 1907, 1917) meint, das Rätsel der Sphinx entstamme »in einer Entstellung, die man leicht rückgängig machen kann« (1905: 95), der infantilen Sexualneugierde und beinhalte eigentlich die Frage, woher die Kinder kämen. In einem Brief vom 14. 4. 1907 an C. G. Jung (Freud-Jung 1974: 36) bezeichnet Freud den »antiken Ödipus« im Zusammenhang mit der Sphinxfrage als »einen Fall von Zwangsneurose«. Offensichtlich sieht Freud in der Bemühung des Ödipus, das Rätsel zu lösen, eine zwanghafte Wiederkehr der verdrängten unbefriedigten Neugierde des nach den Geheimnissen der Sexualität forschenden Kindes.

C. G. Jung beschreibt die Sphinx als »Mutterderivat«, das die »furchtbare« und »verschlingende Mutter« darstelle, deren Rätsel »der Witz des Mannes ... niemals gewachsen ist«. (1913: 228)[4]

Die differenzierteste der alten Interpretationen zum Ödipusmythos stammt von O. Rank (1912, 1926). Er betrachtet im Anschluß an Laistner als den Ursprung des Sphinxmotivs den Angst- und Examenstraum. Dabei sei die Sphinx die phallische Mutter, welche die Übergangsstelle von der »Mutterangst zur Vaterangst« markiere. (1926: 262) Der Vater deute sich in der Sphinx schon als Mutter mit Penis an. Das Rätsel betreffe die Geschlechtsunterschiede. Die wahre Lösung des Rätsels liege nicht in dem intellektuellen Akt, daß Ödipus darin den Menschen erkannt habe, sondern in der Tötung mit Lanze oder Keule, was die Vergewaltigung der Mutter bedeute. Diese gewaltsame sexuelle Inbesitznahme der Mutter sei die unmittelbare konkrete Vermittlung des Wissens über die Geschlechtsunterschiede und damit die echte Lösung des Rätsels. Das sei die wahre Heroentat, »während die Lösung des plumpen und albernen Kinderrätsels auch jedem anderen hätte gelingen können«. (1926: 260)

Der Aufsatz »Ödipus und die Sphinx« (1920) von Th. Reik ist noch weniger auf die griechische Mythologie bezogen als Ranks Studie. Er betrachtet die Sphinx-Thematik vorwiegend als eine Illustration zu der von Freud in *Totem und Tabu* (1913) entwickelten Urhordentheorie. Entsprechend der phylogenetischen Hypothese erscheint die Sphinx in Griechenland nur als eine »sekundäre Bildung«, während ihre ursprüngliche Bedeutung in Ägypten zu suchen sei. Ungeachtet der kulturellen Differenz zwischen Griechenland und Ägypten wird die weibliche griechische Sphinx reduziert auf den männlichen ägyptischen, dieser über den Pharao und den Sonnengott auf das Totemtier, das dann auf den Urvater als letzte Instanz verweist. Reik meint, die Bildung der Sphinx gehe darauf zurück, daß »der Vatergott in der Tierform mit dem Bilde der Muttergöttin verschmolz«. (1920: 118) Die schrecklichen, angsteinflößenden Aspekte der Sphinx führt er auf ihre Inzestbedeutung (ödipale Mutter) zurück, die Kastrationsangst auslöse. Für noch wichtiger hält Reik den Kampf mit der Sphinx als religiös überhöhte Wiederholung des Vatermordes. Die Tötung des Laios habe sich »im Rahmen des Bürgerlichen« (1920: 124) abgespielt, aber in der Sphinx habe Ödipus »auch die höchste Autorität, den Gott selbst getroffen«. (1920: 124)

Reik hält seine Deutung für eine Ergänzung der Rankschen, die mehr die Mutterbedeutung der Sphinx hervorhebt. Er meint: »Die Mutterdoublette hat sich verdeckend vor das Bild des totemistischen Vaterersatzes geschoben.« Das sei »eine großartige Verdichtungsleistung vieler Generationen ..., welche die Tötung des Vaters und die Vergewaltigung der Mutter in der einen Tat, die an der Sphinx geschieht, zusammengepreßt hat«. (1920: 127) Gleichzeitig stecke darin auch die homosexuelle Annäherung an den Vater. Abgesehen von den sehr fragwürdigen biogenetischen Spekulationen, unbeweisbaren historischen Verknüpfungen und der Vernachlässigung prägenitaler Aspekte ist Reiks Deutung, sobald sie auf die Ebene konkreter Psychodynamik gerät, komplex und vielschichtig, jedoch klammert sie erstaunlicherweise das Rätsel aus: »Wir haben absichtlich das Rätsel, das die Sphinx aufgibt, als einen sekundären Zug aus dieser Deutung ausgeschaltet; es lag uns diesmal mehr daran, das Rätsel der Sphinx selbst zu lösen. Oder vielmehr eines ihrer

Rätsel. Denn sie hat zahlreiche, die immer neue Anstrengungen erforderlich machen.« (1920: 131)

Róheim (1934, 1952) sieht in der Sphinx ebenso wie Rank (1912, 1926) und Reik (1920) in Anlehnung an Laistner eine Angst erregende Gestalt aus einem Alptraum, der eine Prüfung unbewußt sexuellen Inhalts zum Gegenstand hat. Es dominieren Inzest- und Kastrationsängste. Die Antwort von Ödipus auf die Frage der Sphinx ist (im psychoanalytischen Sinn) noch keine Lösung. Mit Bezug auf Rätsel, die den Wechsel der Anzahl von Beinen thematisieren, was Róheim (1934) als Koitussymbolik interpretiert, kommt er zu der Vermutung, es handele sich bei dem Rätsel der Sphinx um eine *Primärszenensymbolik*. Damit zieht er aus den Darlegungen von Reik einen sehr naheliegenden, sich geradezu aufdrängenden Schluß, den Reik durch Umgehung des Rätsels versäumte.

B. Grunberger (1982) gibt unter den Kategorien Narziß (Sphinx), Lustprinzip (Jokaste) und Realitätsprinzip (Ödipus) eine interessante Interpretation zu Ödipus und der Sphinx. Auf das Rätsel der Sphinx geht er im Text nur formal ein im Sinne der Einführung von Sprache mit dem Tenor: Zuviel der Worte! In der Fußnote erwähnt er die persiflierende Umgestaltung des Rätsels durch einen Cartoonisten. Das Rätsel selbst im Original spielt keine Rolle.

Wenn wir die Art und Weise des Umgangs mit dem Rätsel der Sphinx betrachten, dann fällt auf, daß schon antike Kommentatoren sich über dessen Banalität entrüsten, was sie aber nicht daran hindert, selbst Deutungen dafür anzubieten, die an plattem Rationalismus ihresgleichen suchen. So meint zum Beispiel Palaiphatos (350 v. Chr.), die Sphinx sei wohl in Wirklichkeit die Führerin einer Räuberbande gewesen, die den Thebanern einen Hinterhalt gelegt habe. Rätsel (*ainigma*) und Hinterhalt sei auf thebanisch dasselbe. Ein Scholion zu Euripides meint, das Rätsel bedeute wohl eine unqualifiziert betriebene und deshalb Verderben bringende Form von Wahrsagerei. (Vgl. Höfer 1915: 1369)

Die Haltung der Psychoanalytiker ähnelt in erstaunlicher Weise derjenigen der antiken Kommentatoren: Freuds knappe und selbstbewußte Übersetzung ohne jeden weiteren Kommentar und seine Bemerkung, die Entstellungen, die das Rätsel berge, ließen sich »leicht rückgängig machen«, wobei auf diese Worte keine Taten folgen; Jungs sibyllinische Äußerung, die genau das Gegenteil davon ausdrückt; Ranks ärgerliche Ablehnung; Reiks Ausklammerung des Rätsels »als einen sekundären Zug«, wobei Reik hier eine inadäquate Sicherheit des Urteils an den Tag legt, welche die Altphilologen, die es eigentlich besser wissen, nicht haben (vgl. Höfer 1915; Ilberg 1915); Róheims Deutung, die sich auf die latenten nicht weiter reflektierten Aussagen Reiks stützt und auf Rätsel, die nicht aus dem antiken griechischen, sondern modernen skandinavisch-mitteleuropäischen Raum stammen; schließlich Grunbergers Resümee: das, was dabei herauskomme, wenn die Sphinx spreche, könne nur hohles Geschwätz sein.

Aus dem Verhalten der Psychoanalytiker ist ersichtlich, daß sie sich nur für das interessieren, was die Sphinx tut oder was mit ihr getan wird, nicht aber für das, was sie *sagt*. Von den sechs zitierten Psychoanalytikern hat sich nur einer, Róheim (1934), zum Inhalt ihres Rätsels geäußert und das auch nur in der denkbar knappsten Weise. Wie ist das zu verstehen? Zeigt dieser Unwille einen unbewußten Widerstand an gegen das, was das Rätsel möglicherweise bedeutet?

Wenn wir eine sofortige Symbolübersetzung aus der Traumdeutung, Neurosenlehre oder Kulturgeschichte nicht vornehmen und uns nach guter psychoanalytisch-klinischer Tradition vorsichtig dem griechischen Kontext annähern, bleibt uns der Versuch einer Probeidentifikation mit einem antiken Griechen nicht erspart. Für die Ohren eines Griechen etwa aus der Zeit 600 v. Chr. klang das Rätsel: Was geht am Morgen auf vier, am Mittag auf zwei und am Abend auf drei Füßen? ganz anders als für uns. Morgen, Mittag und Abend waren für ihn bei weitem nicht so relativ abstrakte, physikalisch ausgerichtete Maßeinteilungen des Tages wie für uns, sondern er erlebte den Tageslauf als eine Konstellation von Göttern. Wir werden zum Beispiel bei Homer vergeblich nach einem einfachen Wort für Morgen suchen. Es ist die »rosenfingerige Eos«, die Göttin der Morgenröte, die das Nahen des Sonnengottes Helios anzeigt. Morgen, Mittag und Abend bezeichnen die Konstellationen der Sonne zur Erde, das heißt des Sonnengotttes Helios zur Erdgöttin Gaia (Ge), der ältesten Muttergottheit, der Urmutter, von der die

Götter, Titanen, Giganten und Menschen letztlich abstammen. Der Beiname von Helios ist vor allem »Vater«. In den Dramen von Aischylos, Sophokles und Euripides beginnen ihm geltende Anrufungen in der Regel mit: »Vater Helios«. Der zunächst auf vier, dann auf zwei, schließlich auf drei Füßen gehende Mensch bewegt sich zwischen zwei übermächtigen Elternfiguren, Helios und Gaia.

In der zweiten Version des Rätsel, dem seine Gestalt verändernden Lebewesen, das auf vier, zwei, drei Füßen gehe und dann am langsamsten sei, wenn es sich auf die meisten Füße stütze, dominieren die Veränderung der Gestalt und die Schnelligkeit der Fortbewegung im Verhältnis zur Anzahl der Füße.

Nehmen wir beide Versionen zusammen, beschreibt der Mensch in der als Gestaltänderung erscheinenden Bewegung seiner Entwicklung vom Kleinkind bis zum Greis denselben Halbkreis wie die Sonne an einem Tag. Das Prinzip der Bewegung ist die Sonne, Helios. Der konstante und unbewegliche Pol ist die Erde, Gaia. Von ihr löst sich der Mensch ab, wenn er sich aufrichtet, und zu ihr neigt er sich hinab, wenn ihm das Alter den Rücken krümmt. In sie geht er vollends ein, wenn er stirbt.

Der Morgen ist der Ort der noch bestehenden Berührung, gleichzeitig aber auch der beginnenden Trennung zwischen Helios und Gaia. Ihre Trennung läßt das Morgenlicht entstehen, in dessen separierender Kraft die Dinge aus dem verschwimmenden Dunkel auftauchen und die Begrenzungen ihrer Gestalt erhalten. Bezogen auf den Menschen ist der Morgen, das erste Erblicken des Sonnenlichts, das Symbol der Geburt. (Vgl. Homer: *Ilias* XVI, 188) Der Verlust des Sonnenlichts bezeichnet den Tod. (Ebd. XVIII, 11)

Am Morgen seines Lebens, wenn er auf allen Vieren kriecht, ist der Mensch der Erde, also der Mutter, noch sehr nahe. Doch beginnt – analog der Sonne – seine allmähliche Seperation von der Erde durch Aufrichtung des Körpers und Hebung des Kopfes. Am Mittag, der Zeit des hellsten Lichts, hat die Sonne den Ort ihrer größten Distanz von der Erde erreicht. Der Mittag des Lebens ist auch für den Menschen der Höhepunkt seiner körperlichen und geistigen Kraft. Aufgerichtet und auf zwei Beinen gehend, hat er den maximalen Punkt seiner Separation von der Erde, von der Mutter, erreicht. Diesen Separationsaspekt scheint auch die zweite Version des Rätsels zu betonen, wenn es sagt, daß das zu erratende Lebewesen dann am schnellsten sei, wenn es sich auf die wenigsten Füße stütze.

Der Abend bringt die Wiedervereinigung von Helios und Gaia und für den Menschen die symbolische Wiedervereinigung mit der Mutter Erde, den Tod.

Der Abschnitt zwischen Abend und Morgen, die Nacht, ist der Ort des Todes und gleichzeitig der vereinigten zeugenden Eltern. Helios weilt nach seinem Untergang bei seiner Frau (Perse), seinen Kindern oder bei seiner Mutter. Nach einer anderen Version wird er in einer riesigen geflügelten Goldschale von Westen nach Osten durch das nachtdunkle Meer gefahren, damit er am nächsten Morgen wieder aufgehen kann. Der Name Perse wird von Kerényi (1964: 189) mit Persephone, der Göttin der Unterwelt, gleichgesetzt, die eine Erscheinungsform der Erdmutter Gaia in ihrer Beziehung zum Gott der Unterwelt, Hades, ist. (Kerényi 1964: 225)

Die Beziehung zwischen Helios und Gaia ist also latent ein Mutter-Sohn-Inzest.

Helios ist der zeugende Gott der Lebenskraft, und da er alles sieht, ist er auch das wachsame Auge des Gewissens. Deshalb wird er beim Schwur neben Zeus und Gaia als Zeuge angerufen. Insgesamt jedoch bleibt die Person von Helios blaß. Er gehört nicht zu den olympischen Göttern, sondern ist ein Titan. Schon bei Homer ist er weitgehend eine Allegorie. In Homers Hymne an Apollo wird Helios mit diesem gleichgesetzt; ebenso von Kallimachos. Helios hat seinen Glanz schon frühzeitig an Apollo abgegeben. Seine Gestalt ist in der Apollos aufgegangen. Helios und Apollo sind eins. (Vgl. Roscher 1897: 422-442; Kerényi 1943, 1945)[5]

Wenn wir versuchen, das Rätsel der Sphinx auf Ödipus zu beziehen, weisen zunächst drei äußere Aspekte darauf hin, daß es ihn unmittelbar betreffen muß:

1. Ödipus trennt sich von seinen Stiefeltern in Korinth, um ein *Rätsel* zu lösen, nämlich das Rätsel seiner Herkunft.
2. Das Rätsel der Sphinx hat als Inhalt die Füße. Der Name von Ödipus – griechisch Oidipus – bedeutet »Schwellfuß«.
3. Nachdem wir das Rätsel als Hinweis für den Menschen innerhalb der Konstellation von Helios/Apollo und Gaia

kennengelernt haben, ist es von Relevanz, daß in einer Version Ödipus ein Sohn des Helios ist, in einer anderen Version im Apolloheiligtum bei Korinth aufwuchs (Kerényi 1958) und damit im übertragenen Sinn ein Sohn Apollos ist.

Das Rätsel zeigt also Ödipus hineinverwoben in die Konstellation von Helios/Apollo und Gaia. Wir dürfen das übersetzen in die (aus infantiler Sicht) übermächtigen idealisierten Bilder seiner Eltern Laios und Jokaste.

Wenn wir die mythologischen, das heißt äußeren und nicht auf psychodynamischen Überlegungen beruhenden Belege für die Vaterschaft von Helios/Apollo zu Ödipus und damit ihre Gleichsetzung mit Laios, in derselben Weise für die Identität Jokastes mit Gaia suchen wollen, können wir darauf verweisen, daß Jokaste von einem der Sparten, jenen aus der Erde (Gaia) entstammenden Männern bei der Gründung Thebens, abstammt. (Kerényi 1958) Zudem ist es auch ohne weitere Beweise einsehbar, daß die Urmutter Gaia auch für Ödipus eine mütterliche Bedeutung hat.

Neben dem direkten Bezug auf Ödipus muß das Rätsel auch die Sphinx betreffen, denn die Antwort auf eine Frage liegt potentiell immer auch bei dem, der die Frage stellt. Wenn wir uns noch nicht auf die Interpretationsebene begeben, sondern beim mythologischen Material bleiben, läßt sich auch eine Identität von Gaia und Sphinx vermuten. Die Sphinx ist die Enkelin der Gaia. Sie gehört zu deren unterweltlichem Bereich und kann sie repräsentieren. Unterstützt wird das durch die Version, in der die Sphinx die erste Frau des Kadmos ist, der zusammen mit der Erde (Gaia) die Sparten (Aussaat der Schlangenzähne) gezeugt hat.

Die daraus sich ergebende Gleichsetzung zwischen Sphinx und Jokaste findet folgende mythologische Belege:

1. Das wiederholte Auftauchen einer Erynie hinter der Sphinx, als sie mit Ödipus konfrontiert ist (Vasenbilder; vgl. Abb. 11), weist darauf hin, daß gleich ein Muttermord geschehen wird, den zu rächen speziell Aufgabe der Erynien ist. (Vgl. *Orestie* von Aischylos)
2. Die gelegentliche Darstellung der Sphinx mit Schlange statt Löwenschweif verweist zwar auf ihre Abkunft von der Schlangengöttin Echidna, korrespondiert aber auch mit der

Abstammung Jokastes von der durch Kadmos getöteten Schlange.
3. Die besondere Schönheit des Sphinxgesichts in verschiedenen bildlichen Darstellungen nähert das Ungeheuer Jokaste an, welche schon Homer »die schöne Epikaste« (*Odyssee*, XI, 271) nennt.
4. Die beiden Male, die Ödipus ein Rätsel lösen muß, geht es jeweils um Leben und Tod. Das erste Mal stirbt die Sphinx, das zweite Mal – bei Lösung des Rätsels von Ödipus' Herkunft – stirbt Jokaste. (Vgl. Van der Sterren 1974) Das verweist auf einen inneren Zusammenhang zwischen den beiden Rätseln und zwischen Sphinx und Jokaste.

Inhalt des Rätsels ist also nicht nur Ödipus, sondern über die Linie Gaia – Sphinx – Jokaste auch die Sphinx. Indem diese das Rätsel vorlegt, macht sie ihm das Angebot eines Dialogs, der sie beide, Ödipus und die Sphinx, zum Thema hat. Das gibt der von Ödipus gegebenen Antwort, der Inhalt des Rätsels sei der *Mensch*, eine besondere Bedeutung, die näher zu untersuchen ist. Wie strukturiert Ödipus damit die lebensbedrohliche Situation mit der Sphinx?

Durch seine generalisierende Antwort: »Das ist der Mensch« hat er sich aus der Situation weitgehend herausgehalten und die Sphinx völlig ausgeschlossen, da sie ja als dämonisches Wesen nicht zu den Menschen zählt. Der Lösungsversuch des Ödipus paßt genau zu seiner Position, die er jetzt innerhalb der Konstellation zwischen Helios/Apollo und Gaia einnimmt. Er antwortet aus der Position des Mittags, aufgerichtet, auf zwei Beinen gehend, den Kopf umflutet vom hellen Licht der Sonne, selbst sonnenhaft, identifiziert mit dem idealisierten Vater Helios/Apollo, der den Beinamen Panopsios hat, der Alles-Überschauende. Ödipus schaut in die Ferne. Er ist weit weg von den Erfahrungen des Kindes, das auf allen Vieren kriechend der Erde, der Mutter (Jokaste), der Sphinx, der Unterwelt, dem Unbewußten noch nahe ist. Ebensoviel trennt Ödipus vom Wissen des alten Menschen, der sich nach unten neigt und wieder Kontakt aufnimmt mit seinen Anfängen. Er gibt im Vollgefühl seiner sonnenhaften, apollinischen Ratio eine Antwort, die nur unter der Ausblendung der unmittelbaren Situation richtig ist. Sie ist die typische Antwort der abendländischen Wissenschaft, generalisierend, abstrakt und nach außen gerichtet. Der selbstreflexive Bezug fehlt. Die Konsequenz davon ist – wie wir wissen – nicht nur für die Sphinx (Jokaste) tödlich.

Hätte Ödipus auf die Frage der Sphinx nicht mit »der Mensch« sondern mit »ich« geantwortet, hätte sein Schicksal vielleicht eine andere Wendung nehmen können. Er hätte damit die Sphinx – so paradox es auf den ersten Blick erscheinen mag – nicht ausgeschlossen, sondern sie einbezogen. Die Antwort: »ich« hätte bedeutet, »ich, jetzt in diesem Augenblick, in dieser Situation«. Die Sphinx wäre damit zum Du geworden, und der Dialog mit ihr hätte beginnen können. Als er die Sphinx später, in der Stunde der Wahrheit, plötzlich und schrecklich im schönen Gesicht Jokastes wiedererkennt, ist es für ihn zu spät.

Was hätte Ödipus erkennen können, wenn er keine objektivistische Antwort gegeben hätte, sondern eine, die ihn und die Sphinx einbezieht? Es wäre ihm deutlich geworden, daß die Sphinx mit ihrer Vierfüßigkeit zum Morgen seines Lebens, zu seiner Kindheit gehört, als er selbst noch auf vier Füßen ging.

Wenn wir die Selbstebene vorerst zurückstellen und zunächst die Objektbedeutung betrachten, fällt auf, daß die Sphinx auch Eigenschaften hat, die nicht der Erde und Unterwelt zugehörig sind, nämlich ihre Flügel, mit denen sie sich in den Äther schwingt. In den Ödipusfragmenten von Euripides (S. 235) heißt es dazu: »Wenn gegen das Sonnengespann gerichtet, schimmert der Rückenschmuck des Tieres golden, den dunklen Wolken zugekehrt, spiegelt er den dunklen Glanz wie ein Regenbogen.« Das nähert sie Helios/Apollo an, ebenso der Strahlenkranz auf einem Bild, womit sonst besonders Helios und Apollo dargestellt werden. Auch die Versionen, nach denen das Rätsel von den Musen, den Begleiterinnen Apollos, stammt oder vom delphischen Orakel, drückt einen Bezug zu Apollo aus.

Schließlich, wenn wir die Deutungen der modernen Mythologen und Philologen ebenfalls als assoziatives Material akzeptieren, werden nach Ilberg (1915: 1380f.) folgende Bedeutungen genannt: »Lichtwesen, allumspannender Helios, ... Äther als Symbol des lichtspendenden Ostens, ... Sonnenhöhe, ... Sonnenuntergang, ... als abnehmender Mond, ... als Sirius, ... Regenwolke, ... Dämon des zusammenziehenden Winterfrostes, ... Würgeengel der Pest, ... Sonne im Sternbild des Löwen«.

Die Sphinx drückt also auf eine mehr versteckte Weise auch Aspekte von Helios/Apollo aus. Sie ist genau genommen selbst die Inkarnation ihres Rätsels. Sie repräsentiert in verdichteter Weise: Gaia/Jokaste – Helios/Apollo/Laios – Mensch/Ödipus.

Die von Reik (1920) wegen seiner sehr fragwürdigen Ableitungen aus der ägyptischen Bedeutungsgeschichte der Sphinx überbetonten männlichen Seiten lassen sich in vermindertem Ausmaß auch durch das griechisch-mythologische Material belegen (vgl. Darstellung der Sphinx mit Penis; die hinter der Sphinx stehenden Männer als maskuline Tendenz; als Führerin von Männerbanden; als Abgesandte des Kriegsgottes Ares; vgl. Abb. 4,5).

Diese feminin-maskulinen Vermischungstendenzen sind einerseits Ausdruck der *Bisexualität*, andererseits dürfen sie als *Primärszenensymbolik* angesehen werden, womit Róheims Deutung durch *griechisches* Material bekräftigt wird.

Die Verknüpfung der Vierfüßigkeit mit dem Morgen würde übersetzt in unser mythologisches Schema heißen, daß das auch der Zeitpunkt ist, an dem Helios/Apollo/Laios und Gaia/Jokaste beginnen, sich von einander zu lösen. Die Sphinx repräsentiert also die (noch) vereinigten, zeugenden, eine vierfüßige Einheit bildenden Eltern. Freuds Deutung, das Rätsel der Sphinx betreffe die infantile Sexualneugierde und die Frage nach der Herkunft der Kinder, paßt unmittelbar in dieses Konzept.

Am Abend, bei Sonnenuntergang, vereinigen sich die Eltern wieder. Damit wird der Abend bzw. die Nacht in dem mythologischen Schema gleichzeitig der Ort des Todes für den Menschen (= Ödipus) und der Ort der Zeugung für Helios/Apollo/Laios und Gaia/Jokaste.

Abgesehen von der allgemeinen Verbindung zwischen Liebe und Tod, hat diese Konstellation für Ödipus eine spezifische Bedeutung. Ödipus sollte ja nicht geboren werden. Der Todeswunsch seiner Eltern gegen ihn fällt mit dem Zeitpunkt seiner Zeugung zusammen. Das Orakel, das Laios und Jokaste warnt, ein Kind zu zeugen, weil dieses seinen Vater töten und seine Mutter ehelichen würde, ist die antizipatorische Projektion der eigenen ungelösten ödipalen Konflikte von Laios und Jokaste auf ihr Kind Ödipus.[6] Bei Sophokles steht interessanterweise, daß das Kind *beide Eltern* töten würde (*König Ödipus*, Vers 1777:

*kteinein tous tekontas* = die Eltern töten). Der klare, grammatikalisch unzweideutige Akkusativplural wird in der Regel falsch übersetzt mit »den Vater töten«. (Vgl. Van der Sterren 1974) Diese Fälschung des Textes ist um so erstaunlicher, als Ödipus ja in der Tat den Vater tötet und die Mutter in den Tod treibt. Es ist wohl schwerer, den Todeswunsch gegen die Mutter zu akzeptieren als gegen den Vater. Die Arbeit von Reik (1920) zeigt, wie schwer er es hat, die Mutter in der Sphinx anzuerkennen. Am liebsten hätte er in der Auseinandersetzung zwischen Ödipus und der Sphinx nur eine Wiederholung der Vatertötung gesehen nach dem Motto: »Wo es Kampf gibt, ist der Vater, wo die Liebe hinfällt, die Mutter«.

Den aggressiven Affekt gegen die Mutter leitet Reik aus dem Kastrationskomplex ab (die vom Sohn als Kastration interpretierte Penislosigkeit der Mutter und seine Angst, auch dieses Schicksal zu erleiden wegen seiner ödipalen Wünsche) und aus dem negativen Ödipuskomplex. Was den zweiten Punkt angeht, erscheint er in der homosexuellen Beziehung zwischen Laios und Chrysippos, wobei Chrysippos, ein idealisierter Aspekt von Ödipus, auf dessen Sohnschaft zu Helios/Apollo hinweist (Chrysippos = *chrysos hippos* = das goldene Pferd, d.h. Anspielung auf das goldene Pferdegespann des Helios und damit wohl auch auf den homosexuellen Koitus mit ihm) und gleichzeitig auf die homosexuelle Idealisierung des Laios zu Helios/Apollo. Feminine Seiten erscheinen bei Ödipus nur indirekt: in der Durchbohrung seiner Füße (Kastrationsymbolik), in der Darstellung eines Mädchens an seiner Stelle und in dem Akt der Selbstblendung, die er mit der goldenen Nadel aus dem Gewand seiner toten Mutter vollzieht. Da die Augen einerseits in ihrer aktiv-strahlenden Kraft direkter phallischer Ausdruck der Sonne (Helios/Apollo) sind, andererseits aber auch als rezeptives Organ für den Empfang der Sonnenstrahlen fungieren, darf die goldene Gewandnadel als Sonnenstrahl, das heißt als Phallus des idealisierten Vaters Helios/Apollo/Laios gedeutet werden, den er in sich, das heißt in sein Auge, seine Pupille (*pupilla* = Mädchen) einführt in Stellvertretung seiner toten Mutter. Es liegt darin nochmals eine Reminiszenz an das Rätsel der Sphinx (die vereinigte Elternimago: goldene Gewandnadel/Helios/Apollo/Laios – Auge/Gaia/Sphinx/Jokaste). Bei Sophokles (*Kö-*

*nig Ödipus*, Vers 1328-1335) antwortet Ödipus auf die Frage des Chors, welcher Gott ihn zu der Selbstblendung getrieben habe, mit »Apollo«. Sicherlich hat dieses Textstelle neben der genannten und einer masochistischen Selbstkastration im Dienst des Überichs noch andere Bedeutungen, deren Erörterung zu sehr von unserem Rahmenthema wegführen würde.

Neben der Homosexualität erscheint als weiterer Grund für die Aggression von Ödipus gegen die Sphinx (Jokaste) die von K. Horney (1932) und B. Grunberger (1982) beschriebene genitale Insuffizienz des kleinen Jungen gegenüber der Mutter. Die Diskrepanz zwischen Inzestwunsch und (physiologischer) Unfähigkeit zu dessen Ausführung erweckt eine tiefgehende Scham in dem Sohn, die in narzißtische Wut umschlägt. Vielleicht ist aus diesen Gründen die Sphinx auf vielen bildlichen Darstellungen nicht die übermächtige Große, sondern die Kleine, Unscheinbare. Ebenso dürfte die dem Rätselmotiv entgegengesetzte Betonung der Ausrüstung mit Waffen in der Darstellung von Ödipus, auch wenn dieser nicht als Kriegs-, sondern als Rätselheld auftritt, diese kompensatorische Tendenz ausdrücken. Zu der Betonung aggressiver Maskulinität passen auch die Männer, von denen Ödipus häufig umgeben ist.

Die Sphinx als Urszenensymbolik provoziert in Ödipus einerseits Angst im Sinne eines »sadistischen Mißverständnisses« des elterlichen Koitus, andererseits aber sexuelle Erregung und Aggression über das Ausgeschlossensein.

Ein anderer von Jung (1913) kurz angedeuteter, aber von den älteren Autoren kaum berücksichtigter Aspekt der Sphinx ist ihre Bedeutung als böse prägentitale Mutter, die das Kind mit dem Tode bedroht, indem sie es entweder in einer »parasitären Symbiose« (M. Mahler 1968) festhält und »verschlingt« oder zu früh von sich stößt, und ihm dadurch auch keine adäquate Ablösung von sich erlaubt. Der Name der Sphinx als »Würgerin« (von *sphingein* = würgen) verweist neben genitalen Bedeutungsmöglichkeiten auch auf die würgende Enge der Geburt und spielt damit auf die durch die mißlingende Trennung von der Mutter drohende Gefahr an. Auch wenn der Name der Sphinx als Volksetymologie zu verstehen ist, hat diese Bedeutungszuschreibung (Würgen) für die psychoanalytische Interpretation doch nahezu dasselbe Gewicht wie eine primäre Etymologie.

Der Tod Jokastes und ihrer Tochter Antigone durch Erhängen (= sich erwürgen) gehört in diesen Kontext.

In der Sphinx wird die Mutter (Jokaste) für das Unbewußte des Kindes (Ödipus) zu einer Angst einflößenden »Verfolgerin«. (M. Klein 1946) Die Sphinx, die in einer Version bezeichnenderweise aus dem Kithairongebirge stammt, dem Ort, wo Ödipus ausgesetzt wurde, repräsentiert diesen Anteil der Jokaste, die Ödipus als Neugeborenen aussetzt und töten lassen will. In diesem Zusammenhang ist es sehr auffällig, daß Laios und Jokaste dem drei Tage alten Kind, das sich ja nicht alleine fortbewegen kann, die Fußgelenke durchbohren lassen. Das ist wohl einerseits im Sinne der erwähnten antizipatorischen Projektion eine symbolische Kastration für das, was er später noch tun wird, andererseits ist wohl auch ein Separationsaspekt damit verbunden, was die zweite Version des Sphinxrätsels, die die Schnelligkeit der Fortbewegung betont, bestätigt. Die durchbohrten Füße sollen auch die Unfähigkeit, sich fortzubewegen, daß heißt sich zu trennen, ausdrücken. Das Ausgestoßensein in der frühen Kindheit, das Weglaufen als Adoleszent (von Korinth) und das Wiederausgestoßensein im reifen Mannesalter (aus Theben) bei gleichzeitiger lebenslänglich ungelöster Bindung an beide Eltern ist das charakteristische Schicksal von Ödipus. Die Sphinx ist demnach die verfolgende destruktive Mutter, die ihn durch die frühe Verstoßung für immer an sich bindet und die er ständig in sich abwehren muß, um nicht in Depression und Selbstzerstörung zu verfallen. Er kann sich nicht Jokaste, der begehrten ödipalen Mutter nähern, wenn ihre liebenswerten Züge verzerrt sind durch das mörderische Gesicht der Sphinx. Er stürzt die Sphinx in die Tiefe, das heißt, er verdrängt die bösen Aspekte der Mutter ins Unbewußte. Der Weg zu Jokaste, der verführerischen ödipalen Mutter, ist dadurch zunächst frei.

Das außer Ödipus und die Sphinx noch Apollo, Athene, Aineias, Kastor und Polydeukes darstellende Vasenbild (Abb. 3) ist eine beschwörende Aufbietung der guten Objekt- und Selbstimagines von Ödipus gegen das böse Objekt.

Athene, »die Mutterlose«, die aus dem Haupt ihres Vaters Zeus entsprungene Tochter, die Strahlende, Kluge, die ohne sexuelle Affären lebt und ihre Schützlinge, wie zum Beispiel

Odysseus, treu und zuverlässig geleitet, verkörpert im Gegensatz zur destruktiven und verfolgenden Sphinx einen entsexualisierten und zum Jungfräulichen idealisierten Aspekt der Mutter.

Das Auftauchen Apollos paßt in die vorne zum Rätsel gegebene mythologische Umsetzung. Er ist die idealisierte solare Vaterimago, die Ödipus gegen die unterweltliche, todbringende Macht der bösen Mutter (Sphinx) beschützen soll. Der weissagende Gott des delphischen Orakels, der die Macht der Erdmutter Gaia gebrochen hat, indem er ihr das delphische Orakel abnahm, ist für die Lösung von Rätseln zuständig und hier als Vater gleichzeitig auch am Rätsel von Ödipus' Herkunft beteiligt. Es ist deshalb auch ganz konsequent, wenn das Rätsel nach zwei Versionen aus seiner Umgebung stammt.

Aineias repräsentiert im Einklang mit der Präsenz der positiven Vaterimago (Apollo) den latenten positiven Beziehungsanteil von Ödipus gegenüber seinem Vater. Aineias ist der liebevolle Sohn, der seinen gelähmten Vater (Anchises) unter Lebensgefahr aus dem brennenden Troja trägt. In seiner Mutter, der Göttin der Liebe und Schönheit, Aphrodite, deutet sich wiederum ein mächtiger Aspekt des Mütterlichen an. Dieses Mal ist es nicht die böse, verfolgende Mutter der frühesten Entwicklungsphasen, sondern die schöne und in ihrem sinnlichen Liebreiz unwiderstehliche, verführerische, aber auch auf dieser (ödipalen) Stufe nicht ungefährliche Mutter, deren Liebe sogar dem Vater von Aineias, Anchises, beinahe zum tödlichen Verhängnis geworden wäre. Sie hatte sich ihm in Menschengestalt genähert und sich ihm erst nach der Liebesvereinigung in ihrer strahlenden Erscheinung als Göttin zu erkennen gegeben. Da die sexuelle Vereinigung eines Menschen mit einer Göttin ein symbolischer Inzest ist, fürchtete Anchises die Bestrafung (Kastration, Tod) durch den Göttervater Zeus, die ihn auch in Form eines lähmenden Blitzstrahls ereilte, als er sich in angetrunkenem Zustand des Liebeserlebnisses mit der »goldenen Aphrodite« rühmte.

Die beiden Zwillingssöhne von Zeus (Dioskuren), Kastor und Polydeukes, sind ein Sinnbild brüderlicher (homosexueller) Liebe und Treue. Da nur Polydeukes als aus dem Samen von Zeus stammend unsterblich ist, Kastor dagegen aus dem Samen von Tyndareos hervorgegangen, zu den Sterblichen gehört, bot

Zeus nur dem Erstgenannten die Aufnahme in den Olymp an, während der andere in seinem Heroengrab bleiben sollte. Auf Bitten des Polydeukes gewährte Zeus den beiden Brüdern, jeweils gemeinsam einen Tag im Grab, den folgenden im Olymp zu verbringen.

Hier erscheint nun wiederum die schon bekannte helle, obere Dimension als Helios/Apollo/Olymp und die dunkle, untere Dimension als Gaia/Sphinx/Grab. Die Dioskuren drücken den Doppelaspekt von Grandiosität, Grenzenlosigkeit, Zeitlosigkeit (göttlicher Vater Zeus, Olymp, Unsterblichkeit) und Leere, Tod, Depression (Grab) aus. Die Vaterimago ist gespalten in eine idealisierte, grandiose (Zeus) und eine mehr realistische (Tyndareos). Dem entsprechen die Selbstimagines: Polydeukes repräsentiert die idealisierte, Kastor die realistische Selbstimago.

Die Fassungen des Mythos, wo Ödipus die Sphinx mit Keule, Lanze oder Schwert tötet, entspringen wohl einerseits einer prägenitalen oder homosexuellen Mordphantasie, andererseits einem ödipalen Vergewaltigungswunsch. Eine Parallele dazu ist die Szene im Drama des Sophokles, wo Ödipus nach der Erkenntnis von frühkindlicher Verstoßung, Vatermord und Inzest in Wut und Verzweiflung nach einem Schwert schreiend die Tür zu Jokastes Schlafgemach sprengt und Jokaste erhängt am Zimmerbalken findet. Das kann auch als sadistischer Koitus mit Todesfolge interpretiert werden. (Vgl. Van der Sterren 1974)

Die Version, wonach die Sphinx eine Tochter des Laios und Schwester des Ödipus ist, läßt eine Deutung der Sphinx als Selbstobjekt zu. Auf dieser Ebene repräsentiert sie den Haß von Ödipus auf die Eltern, vor allem auf die Mutter. Dieser Haß wird abgewehrt, richtet sich im Mythos zunächst nicht mehr gegen die Mutter, Jokaste, sondern gegen ein Muttersubstitut, gegen die Stadt Theben. Diese Symbolik scheint auch der homerische Becher auszudrücken, der anstelle der besiegten Sphinx eine besiegte und der Zerstörung geweihte Stadt (Troja) zeigt, die auch durch Klugheit (List des Odysseus) zu Fall gebracht wird wie die Sphinx.

Die Aggression ändert die Gestalt. Die Sphinx verwandelt sich in die Pest, an der die Menschen in Theben sterben. Die Qualität der Aggression scheint zumindest teilweise eine oral-narzißtische zu sein, die die frühe Trennung und Verstoßung betrifft. Das wird bekräftigt von der Version, wonach der Gott Dionysos, ein Verwandter des Ödipus, die Sphinx gegen seine Mutterstadt Theben schickt, weil sie ihn nicht aufnehmen und ihm göttliche Ehren erweisen will. Hier erscheint wieder ein Zug von Grandiosität bei Ödipus. Auch die Gründe dafür sind angedeutet: Es fehlt der »Glanz im Auge der Mutter«, die Anbetung.

Trotz der dominanten Mutterbedeutung der Stadt Theben scheint sie in einer versteckten, undifferenzierten Weise auch wieder den Vater mitzubeinhalten. In einer Version ist der Grund der Belagerung Thebens durch die Sphinx der Groll des Kriegsgottes Ares über die Tötung der Schlange, seines Sohnes, durch den Urvater Thebens, Kadmos, vor Gründung der Stadt. In der Feindseligkeit gegen Theben steckt also auch die Aggression des mit dem Tod und der Kastration bedrohten Sohnes gegen den Vater.

Neben den bisher beschriebenen aggressiven Seiten genitaler und prägenitaler Art hat die Sphinx – wie schon angedeutet – auch inzestuös-libidinöse Aspekte, die von nicht geringerer Bedeutung sind. Dafür sprechen folgende Hinweise:

1. Sie stammt aus einem Mutter-Sohn-Inzest.
2. Sie raubt ausschließlich Jünglinge. Es gibt Darstellungen, wo diese Jünglinge langgestreckt und in Rückenlage weggetragen werden und die Sphinx quasi in Koitushaltung auf ihnen sitzt.
3. Die Sphinx bewundert die schöne Gestalt von Ödipus.
4. Das schöne, anziehende Frauengesicht der Sphinx auf vielen Darstellungen.
5. Ödipus steht mit erigiertem Phallus vor der Sphinx. Außerdem verweist sein Name »Schwellfuß« auf die Erektion. Nach Kerényi (1958) hätte Ödipus in älterer Zeit ebenso auch *Oidyphallos* heißen können.

Die Sphinx repräsentiert also die verführende Mutter, auf die sich die Sexualneugierde des Sohnes richtet, und die mit ihrem haarigen Genitale (Löwenunterleib) in dem kleinen unreifen Jungen sexuelle Erregung verbunden mit angstvoller Faszination weckt. Ihre halbtierische Erscheinung und ihre enge Beziehung zu Dionysos, dem alle Fesseln, Beschränkungen und Grenzen sprengenden Gott, dessen Wirken die Menschen zu einer ekstatischen Einheit verschmilzt, macht die Sphinx zum Bild ungebändigter Triebhaftigkeit. Dadurch, daß sie ihr Rätsel singend vorträgt als »Muse der Unterwelt« und den Sirenen eng verwandt ist (vgl. Kerényi 1958; 1964), erhält sie noch mehr den Charakter von bestrickender Macht und unwiderstehlichem Zauber. Odysseus, der gegen Gefühle widerstandsfähigste und klügste der griechischen Helden, ein Ausbund apollinischer Tugenden, wäre der todbringenden Verlockung des Sirenengesanges rettungslos erlegen und seiner unstillbaren Liebessehnsucht gefolgt, wenn ihn nicht die Fesselung an den Mastbaum seines Schiffes und seine durch ihre wachsverstopften Ohren tauben Gefährten davon abgehalten hätten. (Homer: *Odyssee* XII, 39, 158)

Auch die Sphinx hat in versteckter Weise diese sirenenhafte, ekstatische, im eigentlichen Sinn dionysische Seite. Es ertönt zwischen ihr und Ödipus nochmals die Weise von Liebe und Tod. Dieses Mal ist es nicht mehr die ihn prospektiv vernichtende Phantasie der ihn zeugenden Eltern, nicht nur die Verlockung zur Ichauflösung in der Regression zur narzißtisch-symbiotischen Verschmelzung mit dem Primärobjekt, sondern die unbezähmbare Heftigkeit seines Inzestwunsches, der sich gegen jeden Umweg über ein Ersatzobjekt sträubt. Der Ersatz wird ihn nie voll befriedigen. Immer wird ein unaufhebbarer Rest bleiben, der ständig wieder von neuem unstillbare Sehnsucht in ihm entfacht. Der Umweg ist das Leben, dessen Vermeidung durch die sofortige Rückkehr an den Ort seiner Herkunft, das mütterliche Genitale, bedeutet Kastration und Tod.[7]

Angewandt auf das Rätsel, wäre der Halbkreis von Helios/Apollo von Sonnenaufgang bis Sonnenuntergang (von Gaia weg, zu Gaia zurück nach Ablauf der *richtigen* Frist = ein Tag = menschliches Leben) damit nicht vollzogen.

## Soziologisch-historische Interpretation zum Rätsel der Sphinx

Wenn wir den Charakter der Sphinx weiter untersuchen, erscheint sie als Agentin einer mütterlich-naturhaften Ordnung: Sie soll im Dienste Heras Laios für seine Homosexualität und die damit verbundene Abwendung von seiner Frau Jokaste bestrafen; sie rächt die mangelnde Bereitschaft der Thebaner, den kleinen Dionysos aufzunehmen; sie rächt den Tod der Schlange, welche den Platz, auf dem Theben später erbaut werden sollte, bewohnte und die von Menschenhand unberührte Natur verkörperte; sie ist eine Abgesandte von Hades, dem Gott der Unterwelt, und repräsentiert damit den Tod, das eherne, auch durch die höchsten Errungenschaften der Kultur nicht aufhebbare Naturgesetz.

Rebellisch und unversöhnlich wendet sie sich gegen die männlich-väterliche Ordnung: Sie holt sich ausschließlich Jünglinge als Opfer; sie bekämpft die etablierte Ordnung als Führerin von Räuberbanden und Kadmos, den thebanischen Urvater, als Amazone; sie steht völlig im Einklang mit dem Kampf der Erdmutter Gaia gegen die patriarchalischen olympischen Götter. Gaia hat aus Rache gegen die Olympier (die einen Teil ihrer Söhne, die Titanen, in die unterste Unterwelt verbannt, den anderen Teil, die Giganten, getötet haben) zusammen mit Tartaros den Vater der Sphinx, den fürchterlichsten aller Riesen, Typhon, gezeugt. Als Typhon gegen den Olymp zieht, fliehen alle Götter aus Angst und verwandeln sich in Tiere. Auf den Spott Athenes hin stellt sich Zeus zum Kampf, unterliegt, wird von Typhon seiner Sehnen beraubt und in eine Höhle namens »Ledersack« gesperrt. Kadmos, der thebanische Urvater, verhilft Zeus durch List wieder zu seinen Sehnen, so daß er nochmals gegen Typhon antreten und ihn besiegen kann. Zeus wird also kastriert und wieder zum Ungeborenen gemacht durch Zurückversetzung in den Uterus der großen Mutter Gaia. (Vgl. Kerényi 1958; Rose 1964)

Wie sehr Typhon die weiblich-mütterlich motivierte Auflehnung gegen die patriarchalische Ordnung ausdrückt, geht auch aus der Version hervor, in der er ein Sohn der von Zeus so unterdrückten Hera ist, die ihn aus sich ohne Beteiligung von Zeus geboren hat. (von Geisau 1979)

Die Sphinx paßt völlig in diese Ausrichtung ihres Vaters, was durch eine weitere Episode noch spezifiziert wird. Die Version, nach der sie früher eine Thebanerin und Begleiterin der Kadmostöchter war, dann aber von Dionysos rasend gemacht und verwandelt wurde, hat folgende Vorgeschichte: Eine der vier

Kadmostöchter, Semele, wird als Geliebte des Zeus von diesem schwanger und bittet auf den arglistigen Rat der eifersüchtigen Hera hin Zeus, er möge nicht immer in menschlicher, sondern in seiner wahren göttlichen Gestalt kommen. Zeus erscheint daraufhin als Blitz und Semele stürzt verkohlt zu Boden. Zeus entnimmt ihrem Körper den unbeschädigten Embryo, näht ihn in einen seiner Oberschenkel ein, und zu entsprechender Zeit wird Dionysos aus seinem Vater geboren. Als Semeles Schwestern Dionysos die göttlichen Ehren nicht erweisen wollen, macht er sie zu Mainaden und läßt sie in Raserei verfallen. Jede bringt ihren Sohn um und folgt dann dem Ruf des Gottes in die Wälder Thebens, wo sich die Sphinx den drei Kadmostöchtern als Mainade anschließt und sich später in das Ungeheuer verwandelt. (Kerényi 1958)

Diese Geschichte läßt bezweifeln, ob die Beziehung Ödipus-Sphinx noch ausschließlich unter dem Mutter-Sohn-Aspekt verstanden werden kann. Der Mythos versucht eine massive vom Vater oder Mann (Zeus) ausgehende Aggression gegen die Mutter oder Frau (Semele) so darzustellen, als ob die Frau daran schuld wäre (Heras Eifersucht, Semeles Neugier), doch es ist offensichtlich, daß der fast allwissende Zeus in diesem Fall sicher wußte, welche Konsequenzen sein Erscheinen als Blitz haben würde. Das Motiv für die destruktive Demonstration phallischer Potenz dürfte wohl *Gebärneid* sein, Gebärneid im Sammelpunkt patriarchalischer Macht.

Die ausbleibende Unterwerfung der drei Frauen unter Dionysos wird von diesem bestraft. Die Frauen töten in Reaktion darauf ihre eigenen Söhne, vermutlich stellvertretend für Dionysos. Es mag sein, daß hier das zum Zuge kommt, was wir als *Penisneid* bezeichnen.

Dionysos zwingt die Frauen zwar unter seine Macht, gleichzeitig aber verkörpert er die Freiheitstendenz der Unterdrückten. Er ist in besonderer Weise der Gott der Frauen. Wenn er eine thebanische Frau in die Sphinx verwandelt, bedeutet es, daß die Unterdrückung sie zum Ungeheuer gemacht hat, wie der schreckliche Typhon aus dem Gefühl des Unterdrücktseins bei Gaia/Hera entsteht (als destruktiver Phallus von Gaia/Hera).

Diese Form der Feindseligkeit zwischen Ödipus und der Sphinx übersteigt die Dimension Mutter-Sohn. Sie ist die

Feindseligkeit zwischen *Mann* und *Frau*, die auf gegenseitigem Neid, gegenseitiger Angst und auf Unterdrückung der Frau durch den Mann beruht. Das Mänadentum ist ein (temporäres) Zerbrechen patriarchalischer Fesseln auf dem Hintergrund einer chronisch oppositionellen Haltung, die gegen die (patriarchalische) Ordnung gerichtet ist. Sogar an der Jokaste – noch deutlicher bei ihrer Tochter Antigone – des patriarchalischen, staatstragenden und frommen Sophokles ist noch die Bereitschaft zu sehen, das patriarchalische Gesetz quasi mit der linken Hand abzustreifen. Aus dem Duktus des Dramas wird deutlich, daß Jokaste eine geraume Zeit vor Ödipus die wahren Hintergründe ihrer beiderseitigen Beziehung erkennt. Sie bricht deshalb nicht in Panik aus, sondern versucht geschickt seinen Forschungseifer zu stoppen. Erst als die volle Wahrheit *öffentlich* bekannt ist, suizidiert sie sich. Vielleicht hätte sie damit leben können, wenn sie Alleinwisserin der Wahrheit gewesen wäre.

Ödipus kann es offensichtlich nicht. Zu sehr ist er mit dem väterlichen Gesetz identifiziert. Der Vollzug des väterlichen Gesetzes, das er als der schuldig Gewordene gegen sich selbst wendet, schützt ihn vor einer tieferen Desintegration.

Es hat den Anschein, als ob Jokaste diese Art des Schutzes nicht bräuchte. Es ist wahrscheinlich, daß dieses Gesetzlose, Ungebundene, Ununterworfene an der Frau, an Jokaste, an der Sphinx Ödipus, den Mann, ängstigt. Wenn ihm mit der Sphinx etwas Ähnliches widerfährt wie Odysseus mit den Sirenen, hört er das Rätsel als Lied von unendlicher Süße und Lust. Morgen, Mittag und Abend, die aufsteigende und sinkende Sonne wird zum Kreislauf der immer wieder aufsteigenden und sinkenden Erektion des Mannes und die immer bereite Erde zur unerschöpflichen Potenz der Frau.

Wie reagiert Ödipus auf die zum Greifen nahe Erfüllung seines tiefsten unbewußten Wunsches, auf die Verheißung ungeteilter (inzestuöser) Lust, die kein anderes Gesetz kennt als ihr eigenes? Und das heißt: »Ewigkeit, tiefe, tiefe Ewigkeit.« (Nietzsche 1930: 359) Ödipus verfällt wohl in Panik, als er das Rätsellied der Sphinx hört. Es gibt für ihn nur eines: die Sphinx schleunigst in seine Gewalt und unter seine Kontrolle zu bringen, sie zu vergewaltigen, sie totzuschlagen, sie und damit auch das Unbezähmbare, Wilde und Ekstatische in sich selbst zu töten.

Vielleicht würden die Tempel Thebens zu wanken beginnen, wenn er die Sphinx weitersingen ließe. Er hat seinen Vater erschlagen und sich gegen die väterliche Ordnung aufgelehnt, doch in dem Moment, in dem er in eine Inzestbeziehung zur Mutter tritt, setzt er sich an die Stelle des Vaters. Die väterliche Ordnung holt ihn ein. Er kann auf die Signale Jokastes und der Sphinx, die sich jenseits dieser Ordnung bewegen, nicht mit einer entsprechenden Geste antworten, die die neue Geste des Sohnes wäre. Schon in ihrem Ansatz verwandelt sie sich in die Geste des Vaters, die seit Urzeiten die gleiche ist: Gewalt und Herrschaft. Die Opfer stehen schon fest: Laios, die Sphinx, Jokaste, Ödipus selbst und seine Kinder. Die Thebaner können in Ruhe die Risse in ihren Tempeln, die das Sehnsucht erwekkende Lied der Sphinx verursacht hat, wieder kitten. Die Sphinx ist tot. Die Zivilisation ist gerettet. Sie können Ödipus als neuen Landesvater begrüßen.

Auf dieser Betrachtungsebene scheint sich in der bedrohlichen Gestalt der Sphinx eine Reaktion auf die Unterdrückung der Frau in der griechischen Gesellschaft darzustellen. Die Grade der Unterdrückung waren je nach Landschaft und Zeitalter verschieden, in Athen stärker als in Sparta und in der archaischen Epoche geringer als zur klassischen Zeit (vgl. J. Burckhardt 1902; Durant 1939; Thomson 1949), in der die großen Dramen von Aischylos, Sophokles und Euripides entstanden. Die zunehmende Organisation der griechischen Gesellschaft im patriarchalischen Sinn steigerte gleichzeitig mit der Unterdrückung der Frau auch die Reglementierung der Triebe, so daß Triebhaftigkeit und Weiblichkeit immer mehr eine symbolische Erlebniseinheit zu bilden begannen.[8] Deshalb bekämpft Ödipus in der dämonischen Triebhaftigkeit der Sphinx auch seine eigene auf diese projizierte Sexualität. Dieser Gesichtspunkt läßt auch die Deutung zu, daß sich in Ödipus und der Sphinx Patriarchat und Matriarchat gegenüberstehen. Die Sphinx würde das Rückzugsgefecht des zurückweichenden Matriarchats vor dem siegreichen Patriarchat (Ödipus) darstellen.

Ähnliche Verhältnisse lassen sich auch an der mythischen Entstehungsgeschichte des delphischen Orakels zeigen, das früher der Erdgöttin Gaia bzw. deren Tochter Themis gehörte. Nach einer Version machte Themis (Gaia) das Orakel Apollo zum Geschenk, nach einer anderen Version setzte sich Apollo gewaltsam in den Besitz des Orakels, wobei er die weibliche Schlange Delphyne (= die Gebärmutterartige) tötete und die männliche Schlange Python zum Wächter bestellte.

Die Kunst der Weissagung, die ursprünglich von Gaia ausging, wurde später zu einer Fähigkeit von Zeus, der seinen Sohn Apollo daran partizipieren ließ. (Kerényi 1964) In der Pythia, die die Botschaft Apolls empfängt, ist noch etwas von dem ursprünglich weiblichen Charakter dieses Orakels erhalten, das wohl vor der Einwanderung der Griechen das Heiligtum einer Muttergottheit war und von den patriarchalischen Eroberern ihrem Gott Apollo umgewidmet wurde. (Vgl. Durant 1939)

Dem feindseligen Aspekt in der Beziehung zwischen Ödipus und Sphinx korreliert die Feindseligkeit zwischen Apollo und Gaia, was wiederum ein Hinweis für die Richtigkeit der vorne vorgenommenen mythologischen Umsetzung des Rätsels der Sphinx ist, dessen mythologisches Beziehungsgefüge dem des delphischen Orakels genau entspricht.

Bezogen auf die erwähnte historische Interpretation des Ödipusmythos durch Borkenau (1957) mag in der zum Bereich Gaias gehörenden Sphinx noch etwas von der Fruchtbarkeitsgöttin erhalten sein, deren ritueller Sohnesgatte (Paredros) Ödipus in der vormykenischen Zeit gewesen sein soll. Diese Theorie Borkenaus findet eine gewisse Unterstützung durch die Auffassung von Kerényi (1958), der Ödipus für einen Daktylen hält, das heißt, für einen Sohn und Geliebten der großen Muttergöttin (Ischtar, Kybele). Angenommen, die Auffassungen von Borkenau und Kerényi sind richtig, dann würde es sich dabei um einen herausgehobenen rituellen Inzest handeln, der durchaus nicht eine generelle gesellschaftliche Aufhebung des Inzestverbots und damit die Erledigung spezieller um den Inzest kreisender Konflikte bedeuten würde.

Da Freuds Interpretationen zum Ödipusdrama von Sophokles den zu dieser Zeit gegebenen patriarchalischen gesellschaftlichen Hintergrund voraussetzen, sind sie korrekt. Problematischer würde es, wenn die Deutung Freuds auch für die minoische Zeit als gültig betrachtet würde, was ja aus der Urhordentheorie zu folgern wäre. Um darüber Genaueres sagen zu können, müßten wir über die Gesellschaftsstruktur der minoischen Zeit mehr wissen. Gleichgültig, wie die realen historischen Ereignisse auch waren, kann sich die Psychoanalyse – wie anfangs dargelegt – nur mit der subjektiven Bedeutungsverleihung, der diese Fakten unterworfen werden, befassen.

Eine weitere historisch-soziologisch ausgerichtete Interpretation zum Ödipusmythos hat E. Fromm gegeben. Fromm vertritt in seiner bekannten Deutung die Meinung, »daß nämlich der Mythos nicht als Symbol der inzestuösen Liebe zwischen Mutter und Sohn aufgefaßt werden kann, sondern als Symbol der Rebellion des Sohnes gegen die Autorität des Vaters in der patriarchalischen Familie; daß die Heirat von Ödipus und Jokaste nur ein sekundäres Element darstellt, nur eines der Symbole für den Sieg des Sohnes, der seines Vaters Platz mit allen seinen Privilegien einnimmt«. (Fromm 1957: 189)

Weiter heißt es bei Fromm, Ödipus repräsentiere »das matriarchalische Prinzip« und bekämpfe deshalb die patriarchalische Ordnung. Die Sphinxepisode, die offensichtlich dieser Hypothese besonders krass entgegensteht, umgeht Fromm dadurch, daß er die Sphinx nicht weiter interpretiert und eine anagogisch-intellektualisierende Deutung zu deren Rätsel gibt: »Wenn wir die Worte der Sphinx aus der symbolischen in eine unverhüllte Sprache übersetzen, dann hören wir sie sagen: Derjenige, der weiß, daß die wichtigste Antwort, die ein Mensch auf die schwierigste an ihn gestellte Frage geben kann, der *Mensch selber* ist, vermag die Menschheit zu retten. Das Rätsel selber, zu dessen Lösung nichts als Klugheit nötig ist, dient nur als Schleier für den verborgenen Sinn der Frage, nämlich die Bedeutung des Menschen. Gerade diese Betonung der Wichtigkeit des Menschen bildet einen Teil der Grundlagen der matriarchalen Welt, wie sie Bachofen beschrieben hat.« (Fromm 1957: 199)[9]

Zur Kritik an Fromm ist zu bemerken, daß seine Deutungsweise keine psychoanalytische ist. Obwohl er behauptet, er stünde methodisch auf dem Boden von Freuds *Traumdeutung*, bleibt er auf der manifesten Ebene, wenn es seiner Hypothese entspricht, und nimmt latente Sinnbezüge an, wenn der manifeste Inhalt nicht seine Auffassung bestätigt. Da die Dramen von Sophokles keine manifesten Zeichen von Verliebtheit zwischen

Ödipus und Jokaste aufweisen, glaubt Fromm daraus schließen zu können, daß der Inzest hier keine Rolle spiele. Ebenso deutet er alle aggressiven Tendenzen von Ödipus gegen Laios als Rebellion und matriarchalische Ausrichtung, wobei nicht nur die Liebe, sondern auch die Feindseligkeit des Ödipus gegen Jokaste, und Ödipus' Liebe zu Laios übersehen wird. Die ganze Differenziertheit der Beziehung von Ödipus zu seinen beiden Eltern wird entwertet und einer historisierend-schematisierenden Vereinfachung geopfert. Die das Thema ideologisch verflachende Interpretation Fromms darf durch das vorgelegte mythologische Material und dessen Deutung als widerlegt angesehen werden.

## Erkenntnistheoretische Interpretation zum Rätsel der Sphinx

Wenn wir die Sphinx und ihr Rätsel unter erkenntnistheoretischer Perspektive betrachten, sind wir in Rückgriff auf den ersten Teil dieser Abhandlung wieder mit Dionysos und Apollo und mit der *Dialektik der Aufklärung* konfrontiert.

Wie verschiedene Versionen darlegen, repräsentiert die Sphinx zunächst Dionysos, das heißt den triebhaft-animalischen Impuls, die Individualität von Ödipus zu sprengen, seine durch das Selbstbewußtsein bedingte Herausgelöstheit aus der bewußtlosen Ordnung der Natur rückgängig zu machen und ihn wieder einzuschmelzen in ihren überindividuellen Rhythmus. Das kann auf zweifache Art geschehen: durch die Ekstase des Eros und durch die Ekstase des Todes. Die Sphinx bedeutet beides, wobei sie in ihrer Beziehung zu Ödipus die Konkretion ihres Rätsels ist. Deshalb führt die Beschäftigung mit ihr auch zu ihrem Rätsel und umgekehrt. Unter der von Nietzsche (1871) eingeführten Betrachtungsweise fällt der Gaia und die Unterwelt betreffende Aspekt nun unter die Repräsentanz von Dionysos. Die sonnenhafte (Helios-)Seite und – wie nachzuweisen sein wird – noch einiges darüber hinaus sind der Bereich Apollos.

Aufs neue stellt sich die Frage: Woher kommt das Rätsel? Was bedeutet es? Die erste Frage ist schnell zu beantworten. Das

Rätsel stammt von Apollo, auf den alle Äußerungen über die Herkunft der Rätselfrage weisen. Das steht im Einklang mit der Person Apollos, zu dessen Wesen weitgehend das Aufgeben und Lösen von Rätseln gehört. Allerdings entzieht sich das Rätsel nach Colli (1982) in seinem ganzen Umfang der »strikt apollinischen Sphäre«. Wenn wir also wissen wollen, was das Rätsel der Sphinx erkenntnistheoretisch bedeutet, führt der Weg dazu über Apollo und auch Dionysos als seinen Gegenspieler, Komplizen und tragenden Grund. Nach der Auffassung Collis gelangen wir auf der mythologischen Fährte dieser beiden Götter auch zum »Ursprung der Weisheit« in Griechenland. Ich orientiere mich dabei nicht nur an der Konzeption Nietzsches, sondern auch an den teilweise anderen Akzentsetzungen Collis. In seinem Werk *Die Geburt der Philosophie* (1982) tendiert Colli zu einer Synthese der beiden bei Nietzsche polar entgegengesetzten griechischen Götter unter der Ägide Apollos.[10]

Die von Nietzsche im Anschluß an die Philosophie Schopenhauers konzipierte Sicht Apollos als des schönen aber trügerischen Scheins, der den durch Schmerz geprägten Grund der Welt durch die Anmut der Kunst überdecke, während Dionysos den schmerzhaft-tragischen Abgrund und dessen Erkenntnis repräsentiere, wird von Colli kritisiert. Er meint, »daß die Antithese von Apollo und Dionysos als die zwischen Kunst und Erkenntnis sich mit vielen und bedeutenden geschichtlichen Zeugnissen über diese beiden Götter nicht verträgt. ... die Sphäre der Erkenntnis und der Weisheit (verbindet) sich viel zwangloser mit Apollo als mit Dionysos. Von Dionysos als dem Gott der Erkenntnis und der Wahrheit zu sprechen, verstanden in eingeschränktem Sinne als Intuition einer radikalen Angst, setzt in Griechenland einen Schopenhauer voraus, den es dort nicht gab. Mit der Erkenntnis tritt Dionysos vielmehr als eleusinische Gottheit in Verbindung: die Initiation in die Mysterien von Eleusis gipfelte nämlich in einer *epopteia*, einer mystischen Vision von Seligkeit und Läuterung, die in gewisser Weise Erkenntnis genannt werden kann. Da aber die Ekstase der Mysterien nur dadurch zu erreichen ist, daß man die Bedingungen des Individuums vollständig abstreift, sich also das erkennbare Subjekt in ihr nicht vom erkannten Objekt unterscheidet, muß sie als die Voraussetzung der Erkenntnis, nicht aber als Erkenntnis selbst angesehen werden. Dagegen offenbaren sich die Erkenntnis und die Weisheit durch das Wort, und es ist Delphi, wo das göttliche Wort ausgesprochen wird, es ist Apollo, der durch die Priesterin spricht, nicht aber Dionysos.« (Colli 1982: 17)

Nach den weiteren Ausführungen Collis war für die archaische Zeit Griechenlands ein sehr wesentlicher Aspekt der Weisheit die Erkenntnis der Zukunft, was durch die große Zahl der Orakel und deren kulturelle Bedeutung belegt wird. Die bedeutendste Orakelstätte war Delphi, das Heiligtum Apollos, des wahrsagenden Gottes schlechthin. Die sprichwörtliche Vieldeutigkeit seiner Orakelsprüche geht einerseits darauf zurück, daß der Übergang der Botschaft vom göttlichen zum menschlichen Bereich nicht bruchlos erfolgt, da das menschliche Wort die göttliche Sphäre nicht ausreichend wiedergeben kann, andererseits aber ist die Dunkelheit von Apollos Worten auch das Werk seiner Bosheit und Grausamkeit. Er läßt den Menschen oft im unklaren, weil er nicht will, daß dieser seine Offenbarung begreift. Die Zwiespältigkeit des Gottes drückt sich aus in seinen beiden Attributen, dem Bogen und der Lyra. Die Lyra repräsentiert die Kunst, doch »des Bogens Name also ist Leben« (*bíos* = Leben; *biós* = Bogen), »sein Werk aber Tod«. (Heraklit, in Diels 1957: 26) Apollo ist »der, der von ferne trifft« (Homer: *Ilias*); der, dessen Bogen mit gnadenloser Sicherheit nie sein Ziel verfehlt; der Gott der »indirekten und verzögerten Gewalt« (Colli 1982); der Zerstörer (von *apollymi* = vernichten, zerstören); der Gott der unnahbaren Distanz, der von den Menschen Maß fordert, selbst aber maßlos ist. Oft erscheint er in strahlender Gestalt als Gegensatz zu Dionysos, dann ist er diesem wieder bis zur Verwechslung ähnlich. Wie dieser hat er Anteil am Wahnsinn (*mania*), aus dem nach Platon (*Phaidros*) die Wahrheit kommt. Von den vier von Platon genannten Arten des Wahnsinns: dem prophetischen, poetischen, mysterienhaften und erotischen, ordnet Colli die ersten beiden Apollo zu, die anderen dem Dionysos. So wie Apollo »das Wort und die Erkenntnis« zuzuordnen sind, so dem Dionysos »die Unmittelbarkeit des Lebens«. (Colli 1982: 20)

Die verzögerte Grausamkeit Apollos erscheint nicht nur in der Beschaffenheit seiner Orakelsprüche, sondern auch im Rätsel, an dem Dionysos ebenfalls seinen Anteil hat. Die Art von Dionysos ist mehr direkte, animalische Gewalt wie etwa das Labyrinth (Minotauros = Dionysos), eine tödliche Falle in ihrer handgreiflichen Konkretheit. Das Rätsel, dessen Form Apollo bestimmt, stellt ein verinnerlichtes Labyrinth dar, eine Falle aus Sprache, so wie der Gott »verborgene, unaussprechliche Innerlichkeit« (Colli 1982: 42) ist, die der Mensch nicht fassen kann. Die für den Menschen nicht begreifbare jenseitige Harmonie von Bogen und Lyra zerfällt für die menschliche Erfahrung in den unberechenbaren Wechsel von vollendeter Form (Lyra) zu tödlicher Bedrohung (Bogen).

Im Rätsel vollzieht sich ebenso wie im Orakelspruch der Einbruch der göttlichen Sphäre in die menschliche. Das zeigt sich weniger an der inhaltlichen Schwierigkeit des Rätsels – häufig ist es (auf manifester Stufe) relativ banal – als vielmehr an der absurden Diskrepanz zwischen der Banalität seines Inhalts und den damit verbundenen tödlichen Konsequenzen. Viel stärker als der Orakelspruch verkörpert das Rätsel die zugespitzte Provokation des Gottes gegenüber den Menschen. Es ist ein symbolischer Pfeilschuß, abgeschnellt von der todbringenden Sehne seines Bogens. Die Belege für die referierten Hypothesen Collis können wir unschwer am Rätsel der Sphinx, »das aus dem grausamen Schlund der Jungfrau ertönt« (Pindar, zit. nach Colli 1982: 49) finden. Es wurde erst psychoanalytisch interpretierbar und verstehbar, als sein *religiöser Hintergrund* (Helios/Apollo – Gaia) transparent gemacht war. Die unbewußte Bedeutung des Rätsels steht in einer viel ausgewogeneren Relation zu seinen tödlichen Implikationen als seine manifeste Form. Colli (1980; 1982) führt noch zwei Beispiele an, wo die Konfrontation mit einem Rätsel tödlich endete: Es handelt sich um den Tod Homers, der aus Niedergeschlagenheit über seine Unfähigkeit, ein ihm von jungen Männern gestelltes Rätsel zu lösen, gestorben sein soll, und um den berühmten Seher Kalchas, der starb, als eine von ihm gestellte Rätselaufgabe von dem Seher Mopsos bewältigt wurde.

Collis Auffassung über »die Vermenschlichung des Rätsels« (1982: 54), die gleichzeitig auch den Übergang von der Wahrsagung zu den Anfängen des philosophischer Denkens markiert, läßt sich so zusammenfassen: Am Anfang steht der Orakelspruch, dessen Verkünder als Dolmetscher fungiert und voll der religiösen Sphäre verhaftet ist. Darauf »verhängt der Gott durch die Sphinx ein tödliches Rätsel, und der einzelne Mensch muß es bei Strafe des Todes lösen«. (1982: 54) Dann folgt der Kampf zweier Seher (Kalchas und Mopsos): Der Gott erscheint nicht mehr, doch schimmert der religiöse Hintergrund im tödlichen Ernst des Rätsels noch hindurch. Als neues Moment kommt noch der Agonismus, der Kampf auf Leben und Tod, hinzu. In einem weiteren Schritt fällt der religiöse Hintergrund weg, »ins Zentrum tritt der Agonismus, der Kampf zweier Menschen um die Erkenntnis: Es sind nicht mehr zwei Seher, sondern Weise, oder besser: sie kämpfen, um den Titel der Weisen zu erringen«. (Ebd.) Es geht nicht mehr um Leben und Tod, sondern lediglich darum, wer in dem sich allmählich entwickelnden dialektischen Streit Sieger wird. »Die Dialektik stellt sich ein, wenn die Vision, die der Grieche von der Welt hat, mildere Züge annimmt. Der rauhe Hintergrund des Rätsels, die Grausamkeit des Gottes gegenüber dem Menschen, schwächen sich langsam ab, ein lediglich menschlicher Agonismus tritt an seine Stelle.« (S. 75)

Die verzögerte Grausamkeit Apollos transformiert sich in die verzögerte Grausamkeit des Dialektikers, der voller Hintergedanken seine argumentativen Netze spannt, in denen sich der Gegner verfangen soll. Es steckt also auch in der Erkenntnis, im Logos, ein gewaltsames, Verderben bringendes Moment. In der Zeit des Übergangs zum dialektischen Agonismus nimmt das Rätsel ebenfalls eine kontradiktorische (dialektische) Form an. Colli zeigt das an dem Homer von jungen Fischern vorgelegten Rätsel: Was wir gefangen haben, ließen wir zurück, und was wir nicht gefangen haben, bringen wir mit. Gemeint waren damit nicht Fische, sondern Läuse. Homer soll über seiner Unfähigkeit, dieses Rätsel zu lösen, gestorben sein.

Dieselbe kontradiktorische Form finden wir auch bei der zweiten Version des Rätsels der Sphinx: In der Rede von dem Lebewesen (Mensch) mit der verschiedenen Anzahl von Füßen lautet die letzte Zeile: »Schreitet es sich auf die meisten Füße stützend, ist seine Schnelligkeit am geringsten.« (Kerényi 1958: 111)

Dieser Widerspruch begegnet uns auch bei dem Apollo ergebenen Teiresias, der ein Seher, der größte Seher Griechenlands, und gleichzeitig blind ist. Ähnliches ereignet sich bei Ödipus, der sich in dem Moment blendet, als seine Blindheit, das heißt seine Unwissenheit über seine Lebensgeschichte, aufgehoben ist und er den Anteil des Rätsels der Sphinx erkennt, der ihn selbst betrifft. Zwischen dem Seher und dem Heros gibt es so viele Parallelen, daß wir auf der psychoanalytischen Bedeutungsebene Teiresias auch als das unbewußte Wissen[11] von Ödipus über sich selbst auffassen können. Die weitere Untersuchung des kontradiktorischen Zusammenhangs zwischen dem Wissen (der Erkenntnis) und der Blindheit von Teiresias und Ödipus könnte mehr Licht auf die erkenntnistheoretische Struktur des Rätsels der Sphinx werfen, vor allem in Anbetracht dessen, daß im Griechischen *(w)oida* = ich weiß, eigentlich heißt: ich habe gesehen (vgl. die Verwandtschaft mit lat. *videre* = sehen; deutsch: wissen).

Über die Erblindung des Teiresias gibt es folgende drei Versionen:

1. Auf dem Berg Kithairon sieht Teiresias (= der Deuter der Zeichen; von *teiros* = himmlisches Zeichen oder *teras* = Vorzeichen) an einem Dreiweg[12] zwei sich paarende Schlangen.[13] Als er davon das Weibchen tötet, wird er in eine Frau verwandelt und erfährt die Liebe des Mannes. Nach sieben Jahren trifft er an derselben Stelle wieder zwei kopulierende Schlangen und tötet auf den Rat Apollos das Männchen, worauf er wieder zum Mann wird. Seine bisexuellen Erfahrungen sind der Grund dafür, daß Zeus und Hera Teiresias zum Richter in ihrem Streit über die Stärke des männlichen und weiblichen Liebesgenusses bestellen. Sein Urteil lautet: »Nur den einen von zehn Teilen genießt der Mann, die zehn erfüllt die Frau, sich in der Seele freuend.« (Homer: *Odyssee*, zit. nach Kerényi 1958: 113) Hera, gekränkt über diese Entscheidung, straft ihn mit Blindheit. Zeus verleiht ihm zum Ausgleich die Sehergabe und ein langes, über sieben Menschenalter währendes Leben. Die Göttin der Unterwelt, Persephone, begünstigt ihn auf Intervention von Zeus noch dadurch, daß er nach dem Tod als einziger Sterblicher unter den Schatten der Unterwelt Verstand und Bewußtsein behalten darf.
2. Teiresias kennt als Sohn der Nymphe Chariklo die Geheimnisse der Götter und verrät diese in seiner Eigenschaft als

Seher gegen ihren Willen an die Menschen. Zur Strafe dafür wird er geblendet.

3. Als Teiresias durstig vom Jagen an eine Quelle kommt, um zu trinken, erblickt er die nackte Athene beim Baden. Sie berührt mit ihrem Finger seine Augen, die für immer erblinden. Diese Blendung ist nicht primär das Werk der Göttin, sondern geschieht nach einem alten Gesetz, das Götter und Menschen bindet. Athene kann auf die Bitten ihrer Gefährtin Chariklo, der Mutter des Teiresias, diesem das Augenlicht nicht wieder zurückgeben, doch verleiht sie ihm die Sehergabe, ein langes Leben und einen Stab, mit dem er sich wie ein Sehender orientieren kann. Nach dem Tode darf er in der Unterwelt sein Bewußtsein behalten. Er stirbt, nachdem er mehrere Menschenalter gelebt hat, an den Folgen eines kühlen Trunkes aus einer Quelle, in dessen Nähe ein Tempel der Athene Tritogeneia (= die an dem Fluß Triton Geborene) steht. (Buslepp 1924)

Fassen wir die psychodynamischen Hintergründe für die Blendung des Teiresias zusammen, ergibt sich ein ähnliches Bild wie bei Ödipus: Kastration als Strafe für Inzestwünsche, Vater- und Muttermord; Bisexualität; Regression; Entgrenzungs- und Todessymbolik.[14]

Zwei Fragen sind zu klären: Auf welche Form von Erkenntnis verweist die psychoanalytische Deutung der Blendung von Teiresias und Ödipus? Und: In welcher Beziehung steht diese Erkenntnis zu Ödipus und zum Rätsel der Sphinx?

Der erste Punkt betrifft die Geheimnisse der Sexualität. Die brennende Frage nach der Herkunft der eigenen Person bezieht sich auf die Sexualität der Eltern, deren Gemeinschaft im Akt der Zeugung, die das Kind als Konkretisierung ihrer Einheit hervorbringt und es in die Vereinzelung verstößt.[15] Darauf folgt die Erfahrung der eigenen Sexualität. Bei Teiresias ist es ein umfassendes Erleben von Lust nach der männlichen und weiblichen Seite hin. Eng verquickt mit der Sexualität erscheint auch die eigene Aggression gegen Vater, Mutter, gegen sich selbst und die von anderen erfahrene Aggression. Eine interessante Variante hat die Aggression von seiten anderer, die Bestrafung, bei Teiresias. Sie erfolgt nicht nur vom Vater (väterliches Gesetz) für Inzestwünsche, sondern auch von der Mutter, wohl im Sinne einer Rivalität auf weiblicher Ebene (negativer Ödipuskomplex). Hier stellt sich die Frage, ob mit Heras Eifersucht schon alles verstanden ist.

Oder blendet Hera Teiresias auch deswegen, weil er versucht, sich der Lust quantifizierend zu bemächtigen (9 Teile die Frau, 1 Teil der Mann), sie begrifflich zu fassen, sie damit Zeus, dem Vertreter des herrschenden Realitätsprinzips, auszuliefern und sie manipulierbar zu machen?

Deuten sich in dieser Handlungsweise des Sehers nicht schon seine Nachfolger, die Weisen und Philosophen an, die durch ihr begriffliches Denken den Grundstein zur Beherrschung der Natur legen werden?

Der Protest Heras wäre dann das Widerstreben der Natur (Dionysos) gegen ihre Einzwängung in Form (Apollo) und Formel (das Umschlagen des Apollinischen ins »Sokratische« im Sinne Nietzsches). In dem Augenblick, in dem Teiresias sich der Natur, das heißt der Lust, bemächtigt, verfällt er ihr in einem gleichzeitigen mimetischen Gegenzug, indem er durch seine Erblindung ihrer Grenzenlosigkeit (»denn alle Lust will Ewigkeit ...«) und der bewußtlosen Blindheit ihrer Abläufe erliegt.

In diesem Zusammenhang wäre noch weiter zu fragen, ob das Inzestmotiv für das Zusammentreffen des Teiresias mit Athene ausreicht (Verschiebung von seiner Mutter Chariklo, die zum Gefolge Athenes gehört, auf Athene). Oder ist es auch von Belang, daß er gerade auf die Göttin mit dem planenden, »männlichen« Verstand stößt, die »Eulenäugige« (Homer: *Ilias*, *Odyssee*), deren Blick das Dunkel durchdringt, die weibliche Entsprechung zu Apollo?

Die Dunkelheit der Blendung löst die Konturen und die Vereinzelung der Dinge auf, die Welt wird zu einer grenzenlosen Einheit und der Akzent von Wahrnehmung und Erleben verschiebt sich von der äußeren auf die innere Realität, auf die Vision, die Vorstellung, das Denken. Im Fortschreiten trifft dieser Prozeß auch noch das Bewußtsein seiner selbst und bedeutet als zeitweiliger Zustand den Gipfelpunkt der Lust, als endgültiger Zustand den Tod.

Daß Teiresias im Tod sein Bewußtsein behält, verweist, psychoanalytisch gesehen, wohl auf einen regressiven Prozeß, der mit der Kastrationsangst auch noch narzißtische Ängste vor

Grenzverlust verbunden mit Todesvorstellungen mitschwingen läßt, die durch die Betonung des Bewußtseins, das sich nicht auflöst, kompensiert werden soll. Könnte aber darin zusätzlich nicht wieder ein Hinweis auf die Nachfolger und Erben des Sehers, die Weisen und Philosophen, enthalten sein, deren Bewußtseinsstand, so wie er schriftlich kodifiziert ist, über ihren Tod hinaus erhalten bleibt, befragbar für die Späteren, wie Teiresias in der Unterwelt für Odysseus?

Zurück zu Ödipus. Bei ihm liegen die Verhältnisse ähnlich wie bei Teiresias. Apollos Weisung, der Mörder des Laios müsse gefunden werden, läßt alles, was dem Heros in der symbolischen, extrem verdichteten Form der Sphinx und ihres Rätsels schon begegnet war, aufs neue real erscheinen. Vermittelt über Teiresias, Jokaste und den Hirten, erkennt Ödipus sich und seine Lebensgeschichte. Das Rätsel, das er gegenüber der Sphinx nur halb gelöst hat, löst er nun vollständig. Die erste Rätsellösung hatte den Tod der Sphinx zur Folge, die zweite den Tod Jokastes. Die tödliche Gewalt, die das Rätsel in sich birgt, wird durch den Erkenntnisakt transformiert und in eine bestimmte Richtung gewiesen (zuerst zur Sphinx, dann zu Jokaste). In der Selbstblendung trifft die Gewalt auch Ödipus selbst. Wie bereits dargelegt, ist die goldene Gewandnadel, das Blendungsinstrument, wohl als ein Strahl Apollos in seiner Eigenschaft als Sonnengott zu verstehen. Ödipus wird davon getroffen. Das, was er enthält, ist so gnadenlos, das es das aufnehmende Organ zerstört, der Sonnenstrahl verwandelt sich in die tödliche Schwingung eines Pfeils, abgeschnellt von dem Gott, »der von ferne trifft«.

Seine Kunde ist: Das Schicksal als unentrinnbare Einheit von Gewalt, Lust und Tod. Es ist die Wahrheit des Dionysos, dem Apollo hier die Hand reicht.

Wenn wir die bisherigen Überlegungen auf die Sphinx und ihr Rätsel anwenden, erscheint darin, erkenntnistheoretisch aufgefaßt, der Mensch in seiner Auseinandersetzung mit der (inneren und äußeren) Natur. Er beginnt wahrzunehmen, wie sehr er ihr sein eigenes Bild aufgeprägt hat (die menschliche Hälfte der Sphinx und der Inhalt des Rätsels), und nimmt seine Projektionen und Externalisierungen allmählich zurück. Das, was er als fremd erlebte, lernt er als Eigenes zu erkennen, daher lautet die Antwort von Ödipus: »Der Mensch«. Sie ist die Antwort der Aufklärung schlechthin. (Horkheimer und Adorno 1947)

Die von Nietzsche und Horkheimer/Adorno beschriebene gewaltsame und destruktive Eigenschaft der Vernunft, wie sie sich in der Unterwerfung der Natur durch Erkenntnis (Wissenschaft) zeigt, erscheint auch in Ödipus. Dabei ist die Ersetzung der Rätsellösung durch die Tötung der Sphinx mit Keule, Lanze, Schwert ein Ausdruck des gewalttätigen Aspekts rätsellösender Vernunft und deren mythologischer Verkörperung Apollo, der die Transformation übermächtiger Natur (Dionysos) in die sublime Form der Kunst und die herrische Formel der Vernunft samt deren verzögerter Grausamkeit symbolisiert.

Die Auseinandersetzungen des abendländischen Menschen mit der Natur ist verbunden mit der Dimension männlich – weiblich, wobei über eine symbolische Gleichsetzung von Natur und Frau mit der Unterwerfung der Natur[16] durch den Menschen die Unterwerfung der Frau durch den Mann parallelisiert wird. (Vgl. Kurnitzky 1978)

Die Dialektik der Aufklärung realisiert sich auch im Umgang von Ödipus mit der Sphinx und ihrem Rätsel. In seinem Sieg verfällt er identifikatorisch (mimetisch) dem Bann der Besiegten. Wie sein Vorvater Kadmos später die Gestalt der von ihm getöteten Schlange annahm, verfällt er über seine Blendung dem dunklen unterweltlichen Bereich der Sphinx (= Gaia = Natur). Sein Versuch der Emanzipation und Individuation, das Leben in den sublimen Formen Apollos, wird unterspült durch die Melodie des Dionysos: Gewalt, Lust und Tod.

Das Ödipus und die Sphinx darstellende, der späten Schaffensperiode Chiricos entstammende Gemälde (Abb. 17), bei dem der Maler den Stil seiner Jugend (pittura metafisica) wieder annimmt, scheint die beschriebenen Verhältnisse zu veranschaulichen. Der durch die steilen Felswände im Hintergrund des Bildes imposant und mächtig repräsentierten Natur kontrastiert die geometrisch-technische Künstlichkeit der beiden Würfel, von denen einer der Sphinx als piedestalartige Unterlage dient, während Ödipus den Fuß auf den anderen stützt. Die im Vergleich zu ihrem Gegenüber zierlich und lebendig wirkende Sphinx erscheint durch ihre geschlossenen Augen unzugänglich, hat aber nichts Bedrohliches an sich. Es ist auch schwer vorstellbar, daß sie dem mit einem metallenen Kopf und einer harnischartigen Panzerung der Brust ausgestatteten Rätsellöser viel anhaben könnte.

Wir sehen vor uns den Ödipus des 20. Jahrhunderts, der die Zeichen dessen, was er mit seinem aufklärenden Denken bewirkt hat, an sich trägt. Die spiralförmigen Gebilde, die Ödipus umrahmen, wiederholen den Schwung der Flügel, mit denen sich die Sphinx aus der Unterwelt in den Äther erhebt und damit auch apollinische Züge aufweist. Die Spiralen haften Ödipus nicht an wie die Flügel der Sphinx. Sie wiederholen sich aber als Zeichen auf seiner linken Brusthälfte und dreidimensional als Schneckenhaus auf seiner linken Schulter. Insgesamt scheint der s-förmige Duktus der Gebilde auch die nachdenkliche Haltung von Ödipus und damit seine Bemühung um die Lösung des Rätsel nachzuzeichnen. Vielleicht schwingt darin auch eine Anspielung an den Beinamen des Apollo *Loxias* mit (vgl. Aischylos: *Orestie*), was so viel heißt wie der »mit krummen Gedanken«. Damit wäre wieder Bezug genommen auf das außer durch Gewalt auch durch *List* bestimmte Verhältnis des Menschen zur Natur (vgl. Odysseus in der Deutung von Horkheimer und Adorno). Das rätsellösende, aufklärende Denken von Ödipus hat – ausgedrückt durch die Stadt auf seinem Bauch – Kultur und Zivilisation geschaffen. Seine Gesichtslosigkeit spiegelt in mimetischer Weise die von ihren mythischen Qualitäten entblößte, versachlichte und anonyme Natur wider, die für den abendländischen Menschen nur noch ein Ausbeutungsobjekt seines technischen Interesses ist, worauf auch der physikalische Meßapparat im Hintergrund hinweist. Das den Eingeweiden der Natur entrissene Metall legt sich – vom Kopf des Ödipus ausgehend – um ihn wie eine Schutzschicht, die ihn gleichzeitig dem Produkt seines gewaltsamen Eindringens in die Natur, der Maschine, angleicht. Der rechte Arm, die rechte Hand, die angepaßte, manipulierende, in die Natur eingreifende Tathand von Ödipus ist noch lebendig. Die linke, linkische, die nicht so genormte, widerständige, emotionale, »unnützliche« Hand und der dazugehörende Arm sind nicht mehr vorhanden. An ihrer Stelle hängt ein leerer Ärmel. Vielleicht hat sich der linke Arm zusammengerollt zu dem Schneckenhaus ähnlichen Gebilde am Ort des Kugelgelenks als Ausdruck einer selbstbezogenen emotionalen Verpuppungstendenz, die vor der endgültigen Zerstörung den Rückzug antritt. Hierin wiederholt sich die Spirale des Denkens, dessen ausbeuterische und rücksichtslose Sachlichkeit gegenüber der Natur sich letztlich als egozentrisch erweist. Die melancholische Sphinx sitzt dem stählernen Ödipus gegenüber wie eine nostalgische Erscheinung aus früherer Zeit, als die Natur noch ein menschliches (mythologisches) Antlitz hatte.

# III

# Freuds Arbeit am (Ödipus-)Mythos

> Der das berühmte Rätsel löste und ein gar mächtiger Mann war.
>
> *Sophokles*

## Ödipus Freud und die Sphinx

Ende des 19. Jahrhunderts: 2400 Jahre waren vergangen, seit Sophokles sein Ödipusdrama schrieb. Längst hatten die Weisen, Philosophen und Wissenschaftler das Erbe von Ödipus und dem Seher Teiresias angetreten. Triumphierend, mit noch ungebrochenem Selbstgefühl, griff die Aufklärung nach den scheinbar letzten mythischen Resten, als um 1875 ganz in diesem Sinne ein junger Medizinstudent im Hof der Wiener Universität stand und der Phantasie nachhing, unter den dort aufgestellten Büsten berühmter Wissenschaftler würde auch die seinige stehen mit den eingravierten Worten aus dem Ödipusdrama von Sophokles: »Der das berühmte Rätsel löste und ein gar mächtiger Mann war.« Etwa 80 Jahre später, 1955, stand dann tatsächlich die Büste des damaligen Medizinstudenten in der Wiener Universität, beschriftet mit diesem Satz. Frühzeitig hatte sich der Mann seinen Mythos gesucht und der Mythos seinen Mann.

Ohne Kenntnis der Phantasie des ehrgeizigen jungen Freud schenkten ihm seine Schüler zum 50. Geburtstag eine Medaille, die auf der Vorderseite sein Profil im Basrelief und auf der Rückseite eine griechische Zeichnung von Ödipus in Konfrontation mit der Sphinx zeigt, umrahmt von eben diesem Satz des Sophokles: »Als Freud die Unterschrift las, wurde er blaß, unruhig und fragte mit erstickter Stimme, wer diese Idee gehabt habe. Er benahm sich wie ein Mensch, dem ein Geist erschienen ist, und so war es auch.« (Jones 1960, II: 27)

Offensichtlich hatte die überraschende Koinzidenz zwischen der Jahrzehnte zurückliegenden Größenphantasie und dem Geschenk zum 50. Geburtstag für Freud den Charakter des Unheimlichen. In seinem Aufsatz darüber bezieht Freud diese Erlebnisqualität vor allem auf »das Moment der unbeabsichtigten Wiederholung ..., welche das sonst Harmlose unheimlich macht und uns die Idee des Verhängnisvollen, Unentrinnbaren aufdrängt, wo wir sonst nur von ›Zufall‹ gesprochen hätten«. (Freud 1919: 250)

Personifiziert äußert sich diese Form der Wiederholung als Doppelgängerphänomen, das heißt als Übereinstimmung zwischen zwei Personen in habituellen und psychischen Eigenschaften, was subjektiv so intensiv erlebt werden kann, »daß man an seinem Ich irre wird ... also Ich-Verdoppelung, Ich-Teilung, Ich-Vertauschung«. (Ebd.: 246) In der weiteren Analyse wird diese Art der Wiederholung als inneres Prinzip des Triebs selbst erkannt, was psychisch als ein mit schicksalhafter Notwendigkeit ablaufender »Wiederholungszwang« erlebt wird und in seiner Tendenz, sich über die Grenzen des Lustprinzips hinwegzusetzen, den Eindruck des Dämonischen erweckt. Das Erlebnis des Unheimlichen geht also zurück auf diesen »inneren Wiederholungszwang«. Zu den weiteren unbewußten Bedingungen des Unheimlichen gehört der »uneingeschränkte Narzißmus«, welcher sich grenzenlos egozentrisch als animistisch-magische Erlebnisbereitschaft im Sinne der »Allmacht der Gedanken« äußert. Diese tendiert dazu, die eigene Person über die Kausalität raum-zeitlicher Bedingungen hinaus als mit der ganzen Welt in geheimer Verbindung stehend wahrzunehmen.

Bezogen auf die Medaille scheint Freud das Geschenk seiner Schüler wie eine ins Schwarze treffende Deutung erlebt zu haben, die durch ihre überraschende Unvermitteltheit seine Abwehr durchbrach und zu einer intensiven Gefühlsregung führte. Wahrscheinlich erlebte er seine ihm schon lange bekannte Identifizierung mit Ödipus plötzlich in ihrer ganzen emotionalen Dichte. Überwältigend kam ihm wohl zum Bewußtsein, wie genau seine Jünglingsphantasie schon den Horizont seiner späteren epochemachenden Forschungen abgesteckt hatte. Seine momentan labilisierten Ich-Grenzen im Sinne von »Ich-Verdoppelung, Ich-Teilung, Ich-Vertauschung« machten ihn unvermittelt zum *mythischen Doppelgänger von Ödipus*. Die Wunschphantasie des Studenten von der Rätsellösung, dem Ruhm und dem Denkmal stellte sich in der als unheimlich erlebten Wiederholung als erfüllt dar: Des Rätsels Lösung war erreicht, der Ruhm begann sich einzustellen, und statt der Bronzebüste gab es immerhin eine Bronzemedaille.

Dieses Eintauchen Freuds in den Duktus des Ödipusmythos ist in einem ersten Schritt ein Akt der Remythologisierung, der kraß kontrastiert mit seinem von der Naturwissenschaft geprägten Wissenschaftsideal. Der Gewinn dieser schnellen und intuitiven Bezugnahme liegt zunächst darin, daß über den Mythos dem diskursiven Denken bis dahin neue und schwer zugängliche Selbstdarstellungen des Triebs und seiner Schicksale (innerhalb der patriarchalischen Kultur) konkret werden. Der Mythos klammert das Irrationale im Gegensatz zu den traditionellen Formen der Aufklärung nicht aus, sondern verleiht ihm eine anschauliche Gestalt und damit auch eine erste Form von Rationalität. In der Remythologisierung gewinnt Freud damit Zugang zu einem Bereich, welcher als Gegenstand dem Wissenschaftsbetrieb seiner Zeit schon verloren gegangen war.

In einem zweiten Schritt führt gerade das innere Bewegungsprinzip des gewählten Mythos über den Mythos hinaus. Wie bereits dargelegt, überschreitet Ödipus durch die Rätsellösung, die symbolisch zuerst gegenüber der Sphinx erfolgt, dann aber real die Erkenntnis seiner Lebensgeschichte ist, die Dimension des Mythos. Er und Teiresias sind die mythischen Vorgänger des Wissenschaftlers. Die von Freud als Remythologisierung vollzogene Annäherung an den Mythos erlaubt ihm eine Art der fortschreitenden Entmythologisierung, die den genuinen Realitätsgehalt des Mythos nicht opfern muß. Unter diesem Gesichtspunkt hat Freuds Doppelgängertum gegenüber Ödipus, das die geschilderte persönliche »animistische« Gefühlsqualität des Unheimlichen übersteigt, auch deutlich objektive Gründe, wobei das Unheimliche durch das Prinzip der Wiederholung und die im subjektiven Erlebnis Zufall und Kausalität überschreitende Art der Verknüpfung verschiedener Ereignisse selbst schon zum Bereich des Mythischen gehört.

Vielleicht steckt in Freuds Emotion auch eine Ahnung von dieser objektiv-historischen Dimension seiner Identifikation mit Ödipus, die auch im äußeren Ablauf seines Lebens Parallelen zu seinem mythischen Doppelgänger hat – bis hin zur Vertreibung aus seiner Heimatstadt, die er an der Hand seiner treuen Tochter »Anna-Antigone« (Freud/Zweig 1968) verläßt.

Vor diesem Hintergrund überrascht die Schnelligkeit, mit der Freud seinen klinischen Befunden eine Deutung im Sinne des Ödipusmythos gibt, nicht mehr so sehr. Die erste Erwähnung des Ödipusmythos findet sich in dem Brief an Fließ vom 27. 10. 1897 (Freud 1950: 238): »Ein einziger Gedanke von allgemeinem Wert ist mir aufgegangen. Ich habe die Verliebtheit in die Mutter und die Eifersucht gegen den Vater auch bei mir gefunden und halte sie jetzt für ein allgemeines Ereignis früher Kindheit, wenn auch nicht immer so früher wie bei den hysterisch gemachten Kindern. (Ähnlich wie dem Abkunftsroman der Paranoia - Heroen, Religionsstifter). Wenn das so ist, so versteht man die packende Macht des Königs Ödipus trotz aller Einwendungen, die der Verstand gegen die Fatumsvoraussetzung erhebt, und versteht, warum das spätere Schicksalsdrama so elend scheitern mußte. Gegen jeden willkürlichen Einzelzwang, wie er in der Ahnfrau etc. Voraussetzung ist, bäumt sich unsere Empfindung, aber die griechische Sage greift einen Zwang auf, den jeder anerkennt, weil er dessen Existenz in sich verspürt hat. Jeder der Hörer war einmal im Keime und in der Phantasie ein solcher Ödipus, und vor der hier in die Realität gezogenen Traumerfüllung schaudert jeder zurück mit dem ganzen Betrag der Verdrängung, der seinen infantilen Zustand von seinem heutigen trennt.«

In ähnlicher Weise wiederholt Freud diese Ausführungen in der *Traumdeutung*. (1900: 267-271) Der Rückgriff auf den Mythos schafft innerhalb der klinisch faßbaren Phänomene eine als allgemeingültig hypostasierte zeitlose Dimension, »welche die Natur uns aufgenötigt hat«. (Freud 1900: 270)

Der Begriff Natur hat für Freud eine mythische Qualität, die sich auch während der Zeit, als er in Brückes Laboratorium ein strenger naturwissenschaftlicher Forscher war, nicht auflöste und in seinen späteren Jahren immer markanter hervortritt. So spricht zum Beispiel der alte Freud nach vielen Jahren intensivster Erforschung des menschlichen Trieblebens, der Repräsentanz von Natur innerhalb des Psychischen, immer noch vom »großen Rätsel der Geschlechtlichkeit« (1937: 99) und meint: »Die Trieblehre ist sozusagen unsere Mythologie. Die Triebe sind mythische Wesen, großartig in ihrer Unbestimmtheit.« (1932: 101) Die Trieblehre Freuds, der in seinem Selbstverständnis sich der Naturwissenschaft so eng verbunden fühlte, mündet in *Jenseits des Lustprinzips* (1920) in den mythischen Dualismus von Eros und Thanatos und weitet zusammenhängend damit den Triebbegriff in einer kühnen naturphilosophischen Spekulation aus zu kosmologischen Dimensionen. Man mag die in *Jenseits des Lustprinzips* entwickelten Hypothesen bewundern, oder es bedauern, daß Freud sich hier so weit von der klinischen Empirie entfernt, in jedem Fall ist in diesem

Punkt die implizit mythische Qualität seines Triebbegriffs in unübersehbarer Weise aufgebrochen.

So fragwürdig diese in *Jenseits des Lustprinzips* vertretenen Hypothesen, speziell die vom Todestrieb, teilweise auch sein mögen, so treffen die Worte Thomas Manns zum 80. Geburtstag Freuds doch etwas sehr Zentrales: »Im Leben der Menschheit stellt das Mythische zwar eine frühe und primitive Stufe dar, im Leben des einzelnen aber eine späte und reife. Was damit gewonnen wird, ist der Blick für die höhere Wahrheit, die sich im Wirklichen darstellt, das lächelnde Wissen vom Ewigen, immer Seienden, Gültigen, vom Schema, in dem und nach dem das vermeintlich ganz Individuelle lebt, nicht ahnend in dem naiven Dünkel seiner Erst- und Einmaligkeit, wie sehr sein Leben Formel und Wiederholung, ein Wandel in tief ausgetretenen Spuren ist.« (Th. Mann 1936: 213)

Diese Rede Thomas Manns bestätigt die Darlegungen im ersten Teil dieses Buches, daß der Mensch sich weder in seinen privaten Lebensbezügen noch als Wissenschaftler völlig außerhalb der mythischen Relationen bewegen kann. Das gilt in besonderer Weise auch für Freud, den kompromißlosen Aufklärer, der den Mythos schlicht als Umlügen der Realität bezeichnet, der wie kaum ein anderer die Illusion bekämpft, und der doch im Laufe seiner Entwicklung erlebt, wie die hart erarbeitete Rationalität seiner Begriffe in paradoxer Weise wieder einzutauchen beginnt in ein rätselhaftes Licht, je mehr sich die in ihnen angelegte (mythologische) Substanz entfaltet.

Folgen wir der inneren Bewegung des Freudschen Forschens rückläufig, so stoßen wir auf seine Berufswahl als einen besonders markanten Punkt. Seine ursprüngliche Absicht, Jurist zu werden, läßt er fallen und entschließt sich zum Medizinstudium, als er mit dem Goethe zugeschriebenen Aufsatz »Die Natur« bekannt gemacht wird und sich dafür begeistert. Der Anfang dieses vielleicht von Goethes Freund Tobler stammenden, ganz im Sinne Goethes gefaßten Aufsatzes lautet: »Natur! Wir sind von ihr umgeben und umschlungen – unvermögend aus ihr herauszutreten, und unvermögend tiefer in sie hineinzukommen. Ungebeten und ungewarnt nimmt sie uns in den Kreislauf ihres Tanzes auf und treibt sich mit uns fort, bis wir ermüdet sind und ihrem Arme entfallen.

Sie schafft ewig neue Gestalten; was da ist, war noch nie, was war, kommt nicht wieder – Alles ist neu und doch immer das Alte. Wir leben mitten in ihr und sind ihr fremde. Sie spricht unaufhörlich mit uns, und verräth uns ihr Geheimniß nicht. Wir wirken beständig auf sie, und haben doch keine Gewalt über sie ...« (Zit. nach Clark 1981: 42)

In einem Brief vom 17. März 1873 an seinen Freund Emil Fluß, in dem Freud ihm seinen Entschluß, statt Rechtswissenschaft Medizin zu studieren, mitteilt, schreibt er: »Ich habe festgestellt, Naturforscher zu werden, und gebe Ihnen darum das Versprechen zurück, mich alle Ihre Prozesse führen zu lassen. Ich brauche es nicht mehr. Ich werde Einsicht nehmen in die Jahrtausende alten Akten der Natur, vielleicht selbst ihren ewigen Prozeß belauschen und meinen Gewinnst mit jedermann teilen, der lernen will. Sie sehen, das Geheimnis ist nicht so furchtbar, es war nur furchtsam, weil es gar zu unbedeutend war.« (Zit. nach Clark 1981: 42) Wie Clark zu Recht feststellt, zeigt dieser sehr selbstbewußte Brief des 17jährigen Freud Anklänge an den Essay über die Natur, der in einer für Goethe charakteristischen Weise die Natur als »schöne, gütige Mutter, die ihren Lieblingskindern das Privileg gewährt, ihre Geheimnisse zu erforschen« (Jones 1960, I: 49), darstellt.

Freuds Hinwendung zur Medizin (und der ihr eigenen Beschäftigung mit dem menschlichen Körper und seinen Funktionen) ist Erforschung der Natur, welche nicht unabhängig von ihrer unbewußten Bedeutung als einer übermächtigen, alles umhüllenden Mutterimago gedacht werden kann. Auch wenn wir die abstraktesten philosophischen Texte nehmen, stoßen wir schnell auf das latente mütterliche Bedeutungsgefüge des Naturbegriffs. Freuds Größenphantasie, die ihn als den gegenüber der Sphinx siegreichen Rätselhelden Ödipus darstellt, ist in dem geschilderten Zusammenhang ganz folgerichtig. Wie im zweiten Teil dargelegt, ist die Sphinx auf erkenntnistheoretischer Ebene die rätselhafte, übermächtige Natur, der gegenüber der Mensch glaubt, sie unterwerfen zu müssen, um sich vor ihr zu schützen und sie für seine Zwecke benutzen zu können.

Auf soziologisch-historischem Niveau verwandelt sich die Natur – zumindest für den kulturellen Geltungsbereich des Abendlandes, vermutlich aber weit darüber hinaus – in die Frau

(Mutterimago), welche erobert und unterjocht werden muß, da sie die auf sie projizierte Triebhaftigkeit und damit Kulturfeindlichkeit im patriarchalischen Sinn repräsentiert.

Schließlich hat die Sphinx (in psychologisch-psychoanalytischer Betrachtung) die Bedeutung der undifferenzierten Einheit von Vater und Mutter; und sie hat vor allem (in den entwicklungspsychologisch relevanten Positionen) die Bedeutungsvielfalt von der allmächtigen verfolgenden und destruktiven Mutter der frühesten Kindheit bis zur verführerischen Mutter der ödipalen Phase.

Ich will nun diese mythologische Jünglingsphantasie sowie ihre Erweiterung zu einem der zentralen Organisationsprinzipien psychoanalytischer Theorie in ihrer Bedeutung für die Grundlegung der Psychoanalyse (auf allen drei genannten Ebenen) analysieren, nicht ohne zuvor auf die Einseitigkeit meiner Zielsetzung hinzuweisen. Ich befasse mich nur mit dem griechischen Aspekt von Freuds mythologischem Hintergrund. Der gewichtige jüdische Anteil, der sich nach einer Vielzahl von passageren Identifikationsfiguren um Moses zentriert, bleibt ausgespart.[1]

Anknüpfend an die zuvor erörterte Theorie des Mythos betritt Freud, vom erkenntnistheoretisch-historischen Gesichtspunkt aus betrachtet, die »tief ausgetretenen Spuren« des Ödipusmythos, die ihn aber gleichzeitig auf neue Wege führen.

Die bei Psychoanalytikern weitverbreitete Meinung, die Psychoanalyse sei reine Aufklärung, die mit beiden Beinen jenseits des Mythos stehe, sich dessen schon längst bemächtigt habe und diesen quasi aus einer unabhängigen Position interpretieren könne, ist unter den dargelegten Begründungzusammenhängen nicht haltbar. Vereinfacht und schematisiert stellt sich die Theoriebildung Freuds so dar, daß er klinische Erfahrungen machte und diese ihn zu einer vertieften Selbsterfahrung nötigten, wobei sich Parallelen zwischen Selbst- und Fremderfahrung ergaben, die mit einem dritten Medium, dem Ödipusmythos, koinzidierten, welcher dadurch wiederum heuristische Erkenntnisstrukturen für ein vertieftes Verstehen des fremden und eigenen Seelenlebens lieferte. Die zeitliche Tiefendimension und Kollektitivität des Mythos durchbrach den psychologisch-klinischen Raum und machte damit die Psychoanalyse von Anfang an gleichzeitig auch zu einer Gesellschaftstheorie. Die so gewonnenen Hypothesen wurden über vielfältige klinische Empirie wiederum differenziert und konnten nun für ein weitergehendes Verständnis des Mythos und sozialer Phänomene verwendet werden und vice versa. Es ergab sich somit ein hermeneutischer Zirkel, der die Psychoanalyse nicht aus ihrer mythologischen Dimension entläßt.

Psychoanalyse ist also immer noch Mythos, gleichzeitig aber auch Aufklärung. Unter dem besonders von Horkheimer und Adorno ausgearbeiteten dialektisch-historischen Aspekt setzt die Psychoanalyse den Ödipusmythos fort, wobei das diesem inhärente Aufklärungsprinzip sich radikal nach der selbstreflexiven Seite hin entfaltet. Die Phantasie des Medizinstudenten Freud greift mit dem Rätsel der Sphinx genau das Aufklärungsmoment des Ödipusmythos auf. Das tödliche Rätsel ist die Stelle, die historisch – wie im Anschluß an Colli dargelegt – den Übergang vom Mythos zur Aufklärung ausmacht.[2]

Ödipus entsteht in Freud aufs neue, gibt aber auf die Frage der Sphinx (= Mutterimago, Natur, Unbewußtes) eine andere Antwort als sein antiker Vorgänger. Die zufällige Handbewegung des antiken Ödipus, welche die Sphinx so interpretiert, als habe er zur Antwort auf ihre Frage auf sich selbst gezeigt, wird bei Freud zu einer zielbestimmten Geste. Es begnügt sich nicht mit der Antwort: »Das ist der Mensch«, sondern sagt entschlossen: »Ich«.

Freuds Antwort auf das Rätsel der Sphinx (das Unbewußte) war seine Selbstanalyse, die eine epochale Wende des menschlichen Bewußtseins einleitet. Sie ist dokumentiert in den Briefen an W. Fließ (Freud 1950) und in der *Traumdeutung*.

Die Auffassung von Lévi-Strauss (1958), der dazu neigt, die Psychonanalyse in gleicher Weise als Variante des Ödipusmythos zu betrachten wie die Version von Sophokles, kann ich nicht teilen. Um mit Blumenberg (1979) zu sprechen, sind beide, das Drama über Ödipus und die psychoanalytische Theorie, »Arbeit am Mythos«. Trotzdem ist das, was unter diesem Oberbegriff geschieht, in seiner Qualität jeweils unterschiedlich.

Der Dichter bleibt dem Mythischen viel mehr verhaftet als der Wissenschaftler. Das Kunstwerk vollzieht zwar auch Aufklärung in hohem Maße, doch thematisiert es menschliche Existenz in einer Weise als Bezug zur Welt, daß es für den Augenblick seiner Realisierung Mythos und Aufklärung versöhnt.

Der Wissenschaftler sucht nicht die Versöhnung dieser beiden »zerstrittenen Bestandteile der Kultur« (Kolakowski 1973), sondern radikalisiert meist den Konflikt zugunsten der Aufklärung. Seine Erkenntnis ist vor allem Detail-Erkenntnis, die einerseits mit allen Mitteln versucht, den Mythos zu eliminieren, ihm andererseits aber in dem Maße wieder anheimfällt, in dem sie sich unreflektiert dem Gefühl ihres entgültigen Sieges ergibt. Das sicherste Kennzeichen der versteckten Wiederkehr des Mythos ist der zunehmende Totalanspruch wissenschaftlicher Begriffe. Daher ist es ausschlaggebend für das selbstreflexive Niveau einer Wissenschaft, daß sie ihre basalen »Wertaffirmationen« (Kolakowski 1973) analysiert.

Zurück zu Freud und den Anfängen der Psychoanalyse. Um das bisher Gesagte zusammenzufassen, stellt die vorwiegend an Horkheimer und Adorno (1947) orientierte Sicht die Psychoanalyse in die historische Dialektik von Mythos und Aufklärung. Daraus folgt die These: Die Psychoanalyse setzt den Ödipusmythos fort. Die Fortsetzung gestaltet sich so, daß sich ein schon in der griechischen Version enthaltenes Potential weiter in der Grundlegung der Psychoanalyse entfaltet. Nach meiner Annahme realisiert sich dieses Potential als selbstreflexive Ausformung des dem Ödipusmythos inhärenten Aufklärungsmoments, der Rätsellösung. Freuds Selbstanalyse erscheint in diesem Licht als neue Antwort des in ihm wiedererstandenen Ödipus.

Als direkte Belege für die Umsetzung der Ödipus-Sphinx-Szene (als Übergang des Mythos zur Aufklärung) dienten bisher die Jünglingsphantasien Freuds im Hof der Wiener Universität und die Medaille zum 50. Geburtstag. Mit diesem Geschenk brachten Freuds Schüler zum Ausdruck, daß sie seinen Erkenntnisweg in der verdichteten mythischen Szene der Rätsellösung paradigmatisch wiederfanden, wobei im Deutschen – ganz im Sinne der Psychoanalyse – das Wort »Aufklärung« sowohl die sexuelle Aufklärung der Kinder als auch eine grundlegende philosophische Erkenntnishaltung gegenüber der Welt bezeichnet. Ebenso scheint das Rätsel der Sphinx für

Freud auch seine eigenen frühkindlichen um die Sexualität zentrierten Probleme widerzuspiegeln, die durch die Enge der elterlichen Wohnung während seiner ersten Lebensjahre und die verwickelten Generationenverhältnisse seiner Familie wesentlich verschärft waren, und – im psychogenetischen Zusammenhang damit – die durch kollektive kulturelle Ideale getragene wissenschaftliche Forschungsaktivität.

Freud wechselt zuweilen auch die Identifikationsebene, ist plötzlich nicht mehr nur Ödipus, sondern wird, als er zum Beispiel alle seine Papiere vernichtet, um die späteren Biographen irrezuführen, selbst zur geheimnisvollen, unergründlichen Sphinx. An seine Braut Martha Bernays schreibt er, als er das Vernichtungswerk vollendet hat: »Aber das Zeug legt sich um einen herum wie der Flugsand um die Sphinx, bald wären nur mehr meine Nasenlöcher aus dem vielen Papier herausgeragt; ich kann nicht reifen und nicht sterben ohne die Sorge, wer mir in die alten Papiere kommt. Überdies alles, was hinter dem großen Einschnitt in meinem Leben zu liegen fällt, hinter unserer Liebe und meiner Berufswahl, ist lange tot und soll ihm ein ehrliches Begräbnis nicht vorenthalten sein. Die Biographen aber sollen sich plagen, wir wollen's ihnen nicht leicht machen. Jeder soll mit seinen Ansichten über die ›Entwicklung des Helden‹ Recht behalten, ich freue mich schon, wie die sich irren werden.« (Zit. nach Sulloway 1982: 35)

Der damals 28jährige Freud identifiziert sich hier nicht nur mit der griechischen Sphinx des Ödipusmythos, sondern mit der (oder genauer: dem) ägyptischen Sphinx, wahrscheinlich dem Sphinx von Gizeh, der männlich ist und den Pharao darstellt. Damit spielt gleichzeitig mit der griechischen Bedeutung auch der orientalisch-ägyptische, vielleicht auch latent der jüdische Hintergrund in dieses mächtige mythische Bild hinein. Der letztgenannte Aspekt mutet nicht mehr so weit hergeholt an, wenn wir an Freuds später in der *Traumdeutung* (1900), seinem »ägyptischen Traumbuch« (Freud 1950), beschriebene Identifikation mit Joseph, dem Traumdeuter des Pharao, denken, und an die Philippsonsche Bibel, in der Freud lesen lernte und deren viele ägyptische Darstellungen ihn als Kind nachhaltig beeindruckten. (Vgl. E. Freud, L. Freud und I. Grubrich-Simitis 1976; M. Krüll 1979)

Daher gehört Ägypten für Freud in gewisser Weise zu seinem mythisch-jüdischen Erbe, wie sich aus seinen Arbeiten über Moses unschwer entnehmen läßt. Der kolossale ägyptische Sphinx im Wüstensand erscheint somit wie eine Kompromißbildung zwischen dem griechischen und dem jüdisch-ägyptischen Erbanteil, was sich in Freuds späterer Entwicklung in die zentralen Identifikationsfiguren Ödipus und Moses auffächert.

Eine weitere Interpretation des Briefes macht deutlich, daß die Statur der Sphinx bzw. diejenige Freuds nur dann noch sichtbar bleibt, wenn das viele Papier (»... alle meine Aufzeichnungen seit 14 Jahren und Briefe, wissenschaftlichen Exzerpte und Manuskripte meiner Arbeit ...«) verschwindet. Der Sphinx schluckt quasi die Dokumente von Freuds Entwicklung, die Markierungen von verflossener, individuell gelebter und gestalteter Zeit. In dem vom Flugsand umgebenen Wächter des toten Pharao präsentiert sich der 28jährige Freud monumental, vom Geheimnis umwittert und in mythischer Weise zeitlos.[3]

Sulloway hat nicht ganz unrecht, wenn er in seiner Interpretation des besprochenen Briefes Freud unterstellt, er habe versucht, »aktiv das Unwissen über sein eigene Person zu fördern, um sicherzustellen, daß er als intellektueller Held nicht durch ein übermäßig detailliertes Eindringen in den Bannkreis seines Genies entwertet würde. Auch schon zu seinen Lebzeiten hatte diese Strategie ihre Vorteile. Um unergründlich zu bleiben, und sei es nur teilweise, hatte man eine Aura des Geheimnisvollen um die eigene Person aufrechtzuerhalten, die ihrerseits dann Respekt und Ehrerbietung auf seiten derer steigerte, die sich seiner Bewegung anschlossen.« (1982: 35)

Obwohl Sulloway das Moment der Selbststilisierung hier richtig erfaßt, bleibt seine Interpretation doch – wie in den meisten Fällen, wenn sie psychologisch wird – oberflächlich und neigt dazu, komplexe Motivationen vulgärpsychologisch-simplifizierend möglichst auf eine Linie festzulegen.

Abgesehen von möglichen anderen Motiven der Skriptenvernichtung, etwa seiner Ordnungsliebe und seiner ausgeprägten Tendenz, seine Privatsphäre zu schützen, welche Freud hier nicht erwähnt, sondern in dem Brief an die geliebte Frau ummünzt in eine teils scherzhaft geäußerte Größenphantasie, deutet sich auch eine mythische Dimension in Freuds Denken an, die ein tragender Grund seines persönlichen und wissenschaftlichen Strebens war.[4]

Es führt auch nicht sehr viel weiter, diese Seite Freuds als »narzißtisch« zu bezeichnen und sie abwertend der Realitätsverbundenheit der »ödipalen« Aspekte der Person gegenüberzustellen, wie Grunberger (1982) das in einer klinisch verkürzenden und unkritischen Weise tut. Die narzißtische Dimension des Erkennens hat ebenso ihre Stärken und Gefahrenpunkte wie die von Grunberger so einseitig bevorzugte sogenannte realistische. Die narzißtische Komponente des Denkens beinhaltet das Gefühl intensiver Verbundenheit des einzelnen mit dem Weltganzen, abgeleitet vom frühesten Erleben der Verbundenheit mit dem primärnarzißtischen Objekt. In die individuelle Entwicklung integriert und differenziert, setzt sich diese narzißtische Struktur um in die Fähigkeit, in übergreifenden, vor allem historischen Zusammenhängen zu denken und die Vielfalt der Beziehungen zwischen dem Einzelnen und dem Allgemeinen kritisch zu reflektieren. Bleibt die narzißtische Komponente unentwickelt und nimmt sie an Intensität zu, beginnt sie den Erkenntnisvorgang zu dominieren als Tendenz zu hemmungsloser Spekulation und forcierter Systembildung, welche die Vorläufigkeit von Detailerkenntnissen nicht ertragen kann, weil sie diese als isolierende Abtrennung und als Herausbrechen aus einer integrierten harmonischen Ganzheit empfindet. Bezieht sich die Erkenntnis auf psychologische Prozesse, fangen die Begriffe an, ihre Konturen aufzublähen und sich ins Übermenschliche, Mythische auszudehnen. (Vgl. Argelander 1976)

Das sogenannte realistische Denken, das Grunberger meint, sucht die Nähe konkreter Tatsachen, ist schnell mißtrauisch gegen die Theorie und bemüht sich geduldig um Einzelphänomene. In seiner negativen Spielform sinkt es ab in Pragmatismus, der sich unkritisch in Details verstrickt und die Bedingungen von deren Zusammenhang nicht mehr reflektiert.

Übersetzt in die im ersten Abschnitt skizzierte erkenntnistheoretische Begrifflichkeit, liegt der Gefahrenpunkt des narzißtischen Denkens im unkontrollierten Einbruch mythischer Auffassungsweisen in das Denken, während das realistische Denken im Sinne Grunbergers zu einer blinden, pragmatistischen Äußerungsform dessen werden kann, was Horkheimer und Adorno die »instrumentelle Vernunft« nennen.

Freuds Denken hat neben der realistischen, praktisch-klinischen Seite zwar die narzißtische Komponente in ihrer differenzierten Ausgestaltung, wagt sich aber auch immer wieder in Grenzbereiche, deren Qualität die Rationalität seiner Begriffe in mythologischer Weise auszuhöhlen droht. Diese Eigenart von Freuds Theoriebildung entspricht nicht nur der Äußerung eines bestimmten psychologischen Erkenntnistypus, sondern ist auch im Gegenstand der Psychonanalyse, der triebabhängigen Irrationalität menschlichen Erlebens und Handelns, begründet. Wie besonders an Freud zu sehen ist, steht die Psychoanalyse grundsätzlich in der Gefahr, daß die Irrationalität ihres Gegenstandes die Rationalität ihrer Methode beeinträchtigt.

Nach diesem Exkurs über die Affinität Freuds zum mythischen Denken ist als weiterer Hinweis für die paradigmatische Bedeutsamkeit der Ödipus-Sphinx-Szene die die Rätsellösung darstellende Vignette zu nennen, welche auf Vorschlag von Otto Rank die Bücher des psychoanalytischen Verlags schmückte und heute noch das Deckblatt des »International Journal of Psychoanalysis« und der »International Review of Psychoanalysis« ziert.

Wenn meine Annahme, Freuds Annäherung an das Unbewußte wiederhole symbolisch die Konfrontation zwischen Ödipus und der Sphinx, zutrifft, dann müßten sich auch dementsprechend Spuren in der *Traumdeutung* zeigen: in Freuds Dokumentation seiner Selbstanalyse und seinem größten Werk, in dem er zum ersten Mal seine Theorie des Unbewußten umfassend und systematisch darlegt. Schon das Eingangszitat auf dem Deckblatt der *Traumdeutung*: »Flectere si nequeo superos, Acheronta movebo« (Wenn ich die Oberen nicht beugen kann, werde ich die Unterwelt bewegen), führt uns zurück in die im zweiten Abschnitt ausgebreitete mythologische Welt. Es ist ein Vers aus Vergils *Äneis* (VII: 312), den die Göttermutter Juno (Hera) voller Enttäuschung darüber zu Jupiter (Zeus) spricht, daß er ihre Absicht nicht unterstützt, Äneas daran zu hindern, in Italien Fuß zu fassen. Mit den eben zitierten Worten eilt Juno in die Unterwelt und beschwört die schreckliche

Erynie Allecto, welche die latinischen Fürsten zu Wut und Haß gegen den trojanischen Eindringling aufstacheln soll. In ihrer geflügelten Hundegestalt gleicht Allecto schon habituell der Sphinx, was sich noch dadurch verstärkt, daß in einer Version auch die Sphinx von Hera (Juno) gegen die Stadt Theben geschickt wird. Wie signifikant Allecto-Sphinx für Freuds Auffassung des Unbewußten ist, geht auch daraus hervor, daß er in einer seiner letzten Arbeiten die theoretischen Prinzipien, nach denen er das Unbewußte erforscht, als »Hexe Metapsychologie« bezeichnet. (Freud 1937)

Die Unterwelt wird also aufgeboten gegen Äneas, dem das Land Italien von Apollo im Einvernehmen mit Jupiter (Zeus) verheißen worden ist. Die nach dem großen Vorbild der *Odyssee* beschriebenen Irrfahrten des Äneas mit dem Rest der den Griechen entkommenen Trojaner ist – ähnlich wie bei Odysseus – als Rückkehr dargestellt, da der trojanische Urvater Dardanos aus Italien stammt. (Vergil, *Äneis* VII: 205-208; 240-244) Äneas, beschützt von seiner Mutter Venus (Aphrodite), setzt erst nach dem Tod seines Vaters Anchises den Fuß auf den Boden des neuen (und gleichzeitig uralten Stamm-) Landes. Bevor er in das Innere Italiens vordringt, begibt er sich mit Billigung Apolls und geleitet von dessen Priesterin, der Cumäischen Sibylle, in die Unterwelt, um seinen toten Vater zu sprechen, dessen Einverständnis mit seinen Plänen einzuholen und um etwas von der Zukunft seines Geschlechts zu erfahren.

Bei einer Umsetzung in eine psychoanalytische Interpretation ergeben sich zwei Linien: eine allgemeine und eine mehr persönlich auf Freud bezogene.

Wenn wir zunächst der ersten Verständnislinie folgen, dürfen wir – wie für griechische Verhältnisse angenommen – auch innerhalb der römischen Kultur die Unterwelt als das Unbewußte ansehen. Ganz offensichtlich faßt Freud in der Verwendung des Vergil-Zitats die Unterwelt so auf. Außerdem bestätigt uns Vergil in der Herkunft der Träume aus der Unterwelt selbst diese Deutung: »Sind zwei Pforten dort des Traumgottes: eine, so heißt es, / Ist aus Horn, läßt leicht die wahren Träume entschweben; / Schimmernd aus gleißendem Elfenbein ist die andere vollendet, / Falschen Traum aber senden aus ihr zum Himmel die Manen.« (VII: 893-896)

Für unser Verständnis wichtig ist auch, daß die Unterwelt sowohl in Griechenland als auch in Rom eine dominant weibliche Bedeutung aufweist, obgleich sie von einem Paar Hades (Pluto) und Persephone (Proserpina) beherrscht wird. Apollos mantische Macht reicht zwar bis in die Unterwelt hinab, doch bedient er sich zur Vermittlung zwischen Ober- und Unterwelt der Frauen. In Delphi wird die Vermittlungsarbeit von Pythia, in Cumä von Sibylle geleistet. Als Odysseus in die Unterwelt hinab muß, erfährt er den Weg dorthin auch von einer Frau aus der Umgebung Apollos, der Zauberin Kirke, einer Tochter des Helios (= Apollo). (Homer, *Odyssee* X)[5]

Sobald sich die Unterwelt in der Bedeutung des der aufklärenden Vernunft widerstrebenden Unbewußten darstellt, hat sie ebenfalls weibliche Züge, so als Sphinx im Ödipusmythos und als Juno-Allecto in der *Äneis*, wobei die Sendung des Äneas nicht nur eine der Bemächtigung, sondern auch eine der Kultur (d.h. auch der Aufklärung) ist, wobei allerdings – wie schon dargelegt – die Kultur nicht außerhalb der Gewaltdimension liegt.

Bezogen auf Freud und die Traumdeutung setzt eine Interpretation des Vergil-Zitats in seinem erweiterten Kontext Freuds Kenntnis der *Äneis* voraus, was bei seiner humanistischen Bildung mit hoher Wahrscheinlichkeit unterstellt werden darf.[6] Einerseits ist Freud selbst Äneas, der unter der Ägide Apollos (d.h. mit dem Ziel der Aufklärung) ebenfalls nach dem Tod seines Vaters in ein neues Land eindringt, in den »dark continent« des Unbewußten. Bei seiner Arbeit an der Traumdeutung hat er durchaus ein Conquistadorenbewußtsein. In einem Brief an Fließ vom 1. 2. 1900 schreibt er: »Ich bin nämlich gar kein Mann der Wissenschaft, kein Beobachter, kein Experimentator, kein Denker. Ich bin nichts als ein Conquistadorentemperament, ein Abenteurer, wenn Du es übersetzen willst, mit der Neugierde, der Kühnheit und der Zähigkeit eines solchen. Solche Leute pflegt man nur zu schätzen, wenn sie Erfolg gehabt, wirklich etwas entdeckt haben, sonst aber sie beiseite zu werfen.« (Schur 1977: 643)

In Äneas, der die Trojaner in das »gelobte Land« Italien führt, deutet sich schon Freuds spätere Identifizierung mit Moses an, wo sich das Motiv der Führerschaft aus Enge und Unterdrükkung zu neuen Ufern voll entfaltet. Wahrscheinlich korrespondiert Äneas auch in seiner Eigenschaft als »Sohn der Göttin«, die ihm zwar nicht bei der vorausschauenden Planung – das ist der Beitrag seines Vaters und Apollos –, aber im ganz konkreten situationspezifischen Sinn immer hilft, ihn beschützt und ihm Mut macht, mit einer ähnlichen latenten Konstellation bei Freud. In seiner Arbeit über Goethe heißt es: »Ich habe es schon an anderer Stelle ausgesprochen: Wenn man der unbestrittene Liebling der Mutter gewesen ist, so behält man fürs Leben jenes Eroberergefühl, jene Zuversicht des Erfolges, welche nicht selten wirklich den Erfolg nach sich zieht.« (Freud 1917)

Freuds langjähriger Leibarzt Schur, der es wissen muß, meint, daß diese Äußerung sicherlich auch für Freud selbst gelte. (Schur 1977) Daß die Eroberung des neuen Landes gleichzeitig eine Rückkehr in die urväterliche Heimat ist, erweist sich ebenfalls als Parallele zwischen Äneas und Freud. Die vor allem durch die Deutung seiner Träume vorangetriebene Selbstanalyse Freuds führt ihn in wissenschaftliches und auch – was die erlebnismäßige Zugänglichkeit betrifft – in biographisches Neuland, das gleichzeitig die altvertraute Stätte infantiler Erlebnisse ist. Wie schon angemerkt, integriert Freud in der Traumdeutung auch sein jüdisches Erbe, das ihn schon von frühester Jugend an die große Bedeutung der Träume lehrte.

Bei aller Ambivalenz gegenüber seinem Beschimpfungen wehrlos ausgesetzten jüdischen Vater, die er teilweise auch dadurch zu bewältigen sucht, daß er sich über Ödipus zum Sohn eines griechischen Königs macht (vgl. M. Robert 1977), bleibt er seinen jüdischen Vätern doch treu, indem er einerseits die Tradition der Traumdeuter Joseph und Daniel fortsetzt und andererseits die Traumdeutung über die dem griechischen Geist entstammende Wissenschaft dem Bereich des Mythos entreißt. Die Traumdeutung ist somit eine Synthese, in der Freud seine Identität als Jude gegen äußere und innere Widerstände findet und in die letztlich griechische Aufklärung transformiert.

Griechenland ist für ihn nicht so mit Ambivalenz beladen wie Rom, das in seiner heidnischen Epoche die Zerstörung Jerusalems und die Zerstreuung der Juden in die ganze Welt zu verantworten hat und dem später als Zentrum der Christenheit die Judenverfolgung unter christlichem Vorzeichen anzulasten ist.

Wenn wir uns nun von seinem Kontext wieder dem Vergil-Zitat selbst zuwenden, identifiziert sich Freud, der unterdrückte Jude, hier offensichtlich auch mit Juno (Hera), die wir in den schon erörterten griechischen Zusammenhängen als die von Zeus (Jupiter) Unterdrückte kennengelernt haben. Sie beschwert sich in diesem Vers ja auch darüber, daß sie bei den Oberen, den olympischen Göttern – gemeint sind vor allem Jupiter (Zeus) und Apollo, die dominierenden Vertreter des herrschenden (patriarchalischen) Realitätsprinzips – nichts ausrichten kann. Apollo hat unter Jupiters Rückendeckung seine Pläne mit Äneas, an denen Juno nichts Grundsätzliches ändern, sondern nur verzögern kann. Sobald wir noch berücksichtigen, daß Freud das Vergil-Zitat nicht selbst aus der *Äneis* heraussuchte, sondern es aus einem Werk des Sozialisten Lassalle übernahm (Freud 1950: 305), wo »die Unterwelt bewegen« einen politischen Akzent im Sinn der unteren, unterdrückten Gesellschaftsschichten bekommt, die mobilisiert werden sollen, läßt sich das Bedeutungsspektrum von Unterwelt als Unbewußtes etwa folgendermaßen umreißen: Es ist das Abgewertete, Unterdrückte, Verdrängte und Abgewehrte, worunter das Infantile zu verstehen ist, dann das Weibliche als das dem herrschenden patriarchalischen Realitätsprinzip Entgegengesetzte, weiterhin die unteren Gesellschaftsschichten und schließlich die Juden als eine sich nicht leicht assimilierende Minorität, deren permanentes gesellschaftliches Außenseitertum in besonderer Weise revolutionäre Potentiale – nicht nur im politischen Sinn – entstehen ließ, wofür Freud selbst ein gutes Beispiel ist. Freud würde unter dem Unbewußten noch den zuvor kritisierten phylogenetischen Aspekt verstehen, während die anderen Seiten, vor allem die Unterdrückung des Weiblichen, der Unterschichten und der Juden gesellschaftlich produzierte Formen von Unbewußtheit sind im Sinn M. Erdheims (1982).

Freud ist also einerseits Äneas, der sich mit den »Oberen«, das heißt dem herrschenden Realitätsprinzip, worunter auch der traditionelle Wissenschaftsbetrieb zu verstehen ist, identifiziert, andererseits steht er als Mitglied einer seit Jahrtausenden unterdrückten Minorität auch heimlich im Bund mit der Rebellion Junos (Heras) und der Unterwelt. Er bringt manche von den Traditionen dieser unterdrückten Minorität in neuen Erkenntniszusammenhängen zu neuem Glanz. Eine ähnliche identifikatorische Mobilität finden wir bei ihm auch im Hinblick auf den Ödipusmythos. Er ist vor allem Ödipus, manchmal aber auch – wie beschrieben – die (der) Sphinx.

Die mythologischen Bezüge, die das Unbewußte selbst als etwas Weibliches erscheinen lassen (Gaia, Sphinx, Juno, Allecto) und auch den Zugang zu ihm durch Frauen (Kirke, Pythia, Sibylle) darstellen, erhalten für Freud ihr empirisch-klinisches Korrelat. Ein wichtiger Grundstein für die spätere Entwicklung der psychoanalytischen Methode sind die von Breuer publizierten Erfahrungen mit seiner berühmten Patientin Anna O., die das symptomatische Erleichterung verschaffende Sprechen über psychische Konflikte sehr treffend als »talking cure« bezeichnet hatte. (Breuer / Freud: 1895) Breuer konnte das »Geschenk der Anna O.«, das vor allem die Existenz unbewußt fortwirkender Motive und deren Aufdeckung durch assoziatives Sprechen beinhaltet, nicht annehmen. Zu sehr fühlte er sich wohl in seiner Identität verunsichert durch die psychotische, ihn mit ihr fusionierende Beziehungsform, die Anna O. ihm gegenüber entwickelte, und durch die Konsequenzen, die sich aus der neuen Behandlungsmethode ergaben. (Vgl. Bram 1973) Freud fürchtet die Folgen – Isolierung und Ächtung durch die Fachgenossen, die sich aus den Entdeckungen der Anna O.* ergeben – weniger, greift zu und entwickelt die Methode mit einem epochalen Ergebnis weiter. Seine ersten Patienten, über die er sich dem Unbewußten nähert, sind vor allem Frauen, wie seine Krankengeschichten in den *Studien über Hysterie* (1895) zeigen. Dem Einfallsreichtum, der psychologischen Begabung und der besonderen Affinität dieser unterdrückten Frauen zum Unbewußten als dem Verdrängten hat Freud viel zu verdanken.

Als weitere Hinweise auf die weibliche Bedeutung des Unbewußten für Freud dürfen außer den beschriebenen mythologischen Aspekten die bereits zitierte Bezeichnung für die Psychologie des Unbewußten als »Hexe Metapsychologie« gelten wie auch die Beschreibung des Unbewußten und der weiblichen Sexualität als »dark continent«. (1926: 241; 1933: 80)

Folgerichtig handelt der erste eigene Traum, dessen vollständige und systematische Deutung ihm gelingt (Schur 1977: 95),

* Berta v. Pappenheim (Frauenrechtlerin)

von einer Frau. Es ist »der Traum von Irmas Injektion«. (Freud 1900: 110-126) Dieser vielbesprochene und vielzitierte Traum bestimmt das zweite Kapitel der *Traumdeutung*, wo Freud nach der Darstellung der wissenschaftlichen Literatur zur Traumproblematik zum ersten Mal seine eigene neugewonnene Methode der Traumdeutung demonstriert. Die paradigmatische Bedeutung, die er selbst und die Historiker der Psychoanalyse diesem Traum zuerkennen (vgl. Anzieu 1959; Jones 1960; Schur 1972; Erikson 1974; Grunert 1975), umfaßt – wie noch zu zeigen sein wird – auch die Wiederkehr der Ödipus-Sphinx-Thematik und deren aufklärerische Transformation.

Bevor ich näher auf den Traum eingehe, möchte ich seinen historischen Kontext analysieren. Freud hat diesen Traum in der Nacht vom 23./24. Juli 1895, während eines Sommeraufenthalts zusammen mit seiner Familie in dem Wiener Vororthotel Bellevue (Grinzing).

In dem am selben Tag geschriebenen Brief an Fließ erwähnt Freud zwar nichts von seinem großen Schritt bei der Erforschung des Traums, doch spricht er seinen Freund, mit dem er sich lange Zeit in idealisierender Weise identifiziert, mit der griechischen Bezeichnung »Daimonie« an, was nicht mit einem Wort ins Deutsche übersetzbar ist. In dem geäußerten Kontext, der sich auf die weitgespannten wissenschaftlichen Forschungen des Hals-Nasen-Ohrenarztes Fließ und dessen schwangere Frau bezieht – »was macht die Nase, die Menstruation, der Wehenschmerz, die Neurose, die liebe Frau und das keimende Kleine?« (zit. nach Schur 1977: 631) – scheint das Dämonische hier wohl eine Bedeutung zu haben, wie sie Platon im Zusammenhang mit Sokrates, vor allem in den Dialogen *Kriton* und *Apologie*, äußerte. Demnach wäre das Dämonische (*daimonion*) eine innere Kraft von zwingender Gewalt, die den Menschen in eine bestimmte Richtung des Erkennens und Handelns treibt und so sein Schicksal bestimmt. Diese Kraft ist ebenso triebhaft wie vernünftig.

Freud spricht mit der Anrede »Daimonie« ebenso von sich und seinem fieberhaften Forschungsdrang wie von Fließ. Fließ ist ein Teil von ihm und gleichzeitig eine idealisierte Vaterfigur. Den Forschungsthemen, die sich in Freuds Nennung besonders auf die weibliche Sexualität beziehen, reiht sich Fließ' schwangere Frau ein, für Freuds unbewußtes Erleben eine Mutterfigur und Inhalt infantiler Sexualforschung. Es deutet sich damit gleichzeitig ein mächtiges unbewußtes Motiv dieses rastlosen Forschungseifers an.

Die Umrisse des Ödipus-Sphinx-Themas zeichnen sich schon in diesen knappen Briefdetails ab und treten im ganzen Brief noch deutlicher hervor. Plastisch erscheint dieser Aspekt auch in einem Vortrag, den Freud drei Monate später hält und wo er das Unbewußte als dämonisch bezeichnet: »Man erhält den Eindruck eines Dämons, der sich sträubt, ans Tageslicht zu kommen, weil er weiß, daß es sein Ende sein wird.« (Zit. nach Jones 1960 I: 324) In den im gleichen Jahr erscheinenden *Studien über Hysterie* (1895) beschreibt Freud die sich über Verstehen auflösenden hysterischen Symptome als »erlöste Dämonen«.

Auch das jüdische Erbe meldet sich in diesem Zusammenhang zu Wort. Drei Wochen später, am 16. August 1895, schreibt Freud u.a. an Fließ: »Kurze Zeit, nachdem der eine Vorgipfel erstiegen war, habe ich mich vor neuen Schwierigkeiten gesehen und meinen Atem nicht ausreichend für die neue Arbeit gefunden.« (Zit. nach Schur 1977: 115) Schur sieht darin eine Verbindung des mit dem Engel ringenden Jakob mit Moses, der das gelobte Land nur von einem fernen Berggipfel sehen darf. Deutlicher erscheint die Jakobsphantasie in einem Brief an Fließ vom 7. Mai 1900, wo Freud seine Arbeit an der Theorie des Unbewußten zunächst als »Mühsal des Ringens mit dem Dämon« (Freud 1950: 341) empfindet, der dann zu Jakobs Kampf mit dem Engel wird, der ihn hinken macht. Hier verschränken sich wieder griechische und jüdische Mythologie (Engel = Dämon = Sphinx).

Eine direkte Bemerkung über die erste gelungene Traumdeutung macht Freud erst annähernd fünf Jahre später, als sein großes Werk *Die Traumdeutung* (1900) längst erschienen ist.

In einem Brief vom 12. Juni 1900 fragt er Fließ: »Glaubst Du eigentlich, daß an dem Haus dereinst auf einer Marmortafel zu lesen sein wird: ›Hier enthüllte sich am 24. Juni 1895 dem Dr. Sigm. Freud das Geheimnis des Traumes‹?« (Freud 1950: 344) Am Ende seiner Interpretation zum »Traum von Irmas Injektion« bemerkt er, daß er sich noch lange bei ihm aufhalten, ihn erforschen und »neue Rätsel erörtern« (1900: 126) könne.

Diese Phantasie von der Marmortafel setzt die zuvor besprochene Jünglingsphantasie fort. An die Stelle des Rätsels der Sphinx ist das »Geheimnis des Traumes« getreten. Ähnlich wie Freuds Schüler zu seinem 50. Geburtstag intuitiv auf seine Jünglingsphantasie Bezug nahmen, hatte auch Jones, als er mit Freud im »Bellevue« saß und von ihm die Geschichte der ersten geglückten Traumdeutung hörte, den Einfall, hier müsse eine Gedenktafel angebracht werden, ohne Freuds entsprechende frühere Phantasie zu kennen. (Jones 1960)

Um die strukturelle Übereinstimmung zwischen der Ödipus-Sphinx-Szene und dem »Mustertraum der Psychoanalyse« (Schur 1977) zu zeigen, will ich ihn zitieren, die Deutungen Freuds dazu knapp zusammenfassen und sie soweit ergänzen, wie es in diesem Zusammenhang notwendig erscheint.

Der »Traum von Irmas Injektion« lautet:

> »Traum vom 23./24. Juni 1895
>
> Eine große Halle – viele Gäste, die wir empfangen – unter ihnen *Irma*, die ich sofort beiseite nehme, um gleichsam ihren Brief zu beantworten, ihr Vorwürfe zu machen, daß sie die ›Lösung‹ noch nicht akzeptiert. Ich sage ihr: Wenn Du noch Schmerzen hast, so ist es wirklich nur Deine Schuld. – Sie antwortet: Wenn Du wüßtest, was ich für Schmerzen jetzt habe im Hals, Magen und Leib, es schnürt mich zusammen. – Ich erschrecke und sehe sie an. Sie sieht bleich und gedunsen aus; ich denke, am Ende übersehe ich da doch etwas Organisches. Ich nehme sie zum Fenster und schaue ihr in den Hals. Dabei zeigt sie etwas Sträuben wie die Frauen, die ein künstliches Gebiß tragen. Ich denke mir, sie hat es doch nicht nötig. – Der Mund geht dann auch gut auf, und ich finde rechts einen großen Fleck und anderwärts sehe ich an merkwürdig krausen Gebilden, die offenbar den Nasenmuscheln nachgebildet sind, ausgedehnte weiß-graue Schorfe. – Ich rufe schnell Dr. M. hinzu, der die Untersuchung wiederholt und bestätigt. ... Dr. M. sieht ganz anders aus als sonst; er ist sehr bleich, hinkt, ist am Kinn bartlos ... Mein Freund *Otto* steht jetzt auch neben ihr und Freund

*Leopold* perkutiert sie über dem Leibchen und sagt: Sie hat eine Dämpfung links unten, weist auch auf eine infiltrierte Hautpartie an der linken Schulter hin (was ich trotz des Kleides wie er spüre) ... M. sagt: Kein Zweifel, es ist eine Infektion, aber es macht nichts; es wird noch Dysenterie hinzukommen und das Gift sich ausscheiden ... Wir wissen auch unmittelbar, woher die Infektion rührt. Freund *Otto* hat ihr unlängst, als sie sich unwohl fühlte, eine Injektion gegeben mit einem Propylpräparat ... Propionsäure ... *Trimethylamin* (dessen Formel ich fettgedruckt vor mir sehe) ... Man macht solche Injektionen nicht so leichtfertig ... Wahrscheinlich war auch die Spritze nicht rein.« (Freud 1900: 111f.)

Zu Irma, einer jungen Witwe aus Freuds nächstem Bekanntenkreis – nach Vermutung von Anzieu (1959) und M. Krüll (1979), die durch das neuerdings vorgelegte Material von Masson (1984) bestätigt wird, Anna Hammerschlag-Lichtheim, der Tochter von Freuds ehemaligem Religionslehrer – fallen Freud folgende Frauen ein; eine Gouvernante mit jugendlichem Aussehen, aber falschem Gebiß; eine Freundin von Irma, die Freud für klüger hält; seine älteste Tochter Mathilde; eine Patientin namens Mathilde, die an den noch unbekannten Nebenwirkungen eines von Freud verordneten Medikamentes verstarb, Breuers Frau Mathilde, was Freud als wohl zu intim nicht in der Traumdeutung erwähnt, sondern in einem Brief an Abraham (Freud / Abraham 1965: 34; Jones 1960, I: 198); seine eigene Frau Martha in schwangerem Zustand.

Freuds – wie er selbst betont – nur auszugsweise mitgeteilte Deutung betrifft vor allem die Demonstration seiner Schuldlosigkeit an den somatischen Symptomen, die Irma von einer nur teilweise erfolgreichen Analyse bei ihm zurückbehalten hat, die rivalistische Abwertung seiner mit ihm befreundeten Kollegen Otto und Dr. M. – laut Schur (1977: 111) der Kinderarzt Oskar Rie und Josef Breuer – schließlich die positive Hervorhebung seines idealisierten Freundes Wilhelm Fließ.

Die unverkennbar sexuelle (hetero- und homosexuelle) Dimension des Traums bleibt außer einer leichten Andeutung ausgespart. Irma repräsentiert als vielfacettige Mischfigur ein breites Spektrum des Weiblichen, auch den inzestuös-töchterlichen (Tochter Mathilde), inzestuös-mütterlichen (Mathilde, Frau des väterlichen Freundes Breuer) und schließlich einen weiblichen Aspekt von Freud selbst (er bezieht die »infiltrierte Hautpartie an der linken Schulter« Irmas auf rheumatische Schmerzen an seiner linken Schulter).

So wie Freud zusammen mit seinen Freunden Irma untersucht, erforscht und traktiert, drückt sich darin nach den gut belegten Interpretationen von Erikson (1974) und Grunert (1975), welche beide weiteres biographisches Material heranziehen, Freuds infantile Sexualforschung aus im Kreis seiner beiden Eltern, der beiden großen Halbbrüder, seines Neffen John und seiner Nichte Pauline.

Die Wiederkehr der Ödipus-Sphinx-Szene ist offensichtlich, wobei Ödipus Freud sich der Sphinx auch selbstreflexiv nähert, indem er seinen Traum analysiert. Auf der allgemeinsten Bedeutungsebene ist Irma die Sphinx als Natur, die von Freud als dem vom Mythos in Aufklärung übergegangenen Ödipus erforscht und trotz der selbstreflexiven Qualität seiner Annäherung in konquistadorischer Weise zu unterwerfen versucht wird. Ganz folgerichtig bekennt er in seiner Anmerkung (1900: 115), daß er Irma und seine Frau hier »nicht sehr liebenswürdig behandele«, und fügt zu seiner Entschuldigung hinzu, er messe beide »am Ideal der braven, gefügigen Patientin«. Es ist offensichtlich, daß die Natur und die Frau unterworfen werden müssen. Schurs Kommentar zu dieser Deutung des »Initialtraumes der Psychonanalyse« (Grunert 1975) avisiert ebenfalls die große übergreifende Linie mit der Bemerkung, daß Freud sich damit »den Weg zu einigen der großen Welträtsel bahnte«. (Schur 1977: 114)

Eine andere Anmerkung Freuds zu seiner Deutung des Irma-Traums geht ebenfalls über die klinisch-individuelle Bedeutung hinaus und läßt den allgemeinen prinzipiellen Horizont sichtbar werden, wo Ödipus Zweifel bekommt, ob er das Rätsel richtig gelöst habe, ja ob er es überhaupt jemals lösen könne: »Jeder Traum hat mindestens eine Stelle, an welcher er unergründlich ist, gleichsam einen Nabel, durch den er mit dem Unerkannten zusammenhängt.« (1900: 116) Das Rätsel hat wiederum ein weibliches Gesicht.

## Freuds Scheitern an der Erforschung der weiblichen Sexualität

Das vorhergehende Kapitel versuchte den weiblichen Charakter des Unbewußten in der griechisch-römischen Mythologie und in der Auffassung Freuds nachzuweisen. Nun ist weiter zu untersuchen, ob die in Ödipus-Freud stattgefundene selbstreflexive Wendung der Aufklärung das Rätsel der Sphinx in seiner Bedeutung als das über Jahrtausende unterdrückte und unbewußte Weibliche einer Lösung nähergebracht oder womöglich eine weitere, noch sublimere, Unterdrückungsdimension hinzugefügt hat. Erscheint Ödipus-Freud als Rätsellöser oder in der traditionellen Haltung des Heros mit Speer, Schwert und Keule? Freuds Haltung gegenüber der weiblichen Sexualität ist sehr ambivalent. Einerseits betont er in dieser Hinsicht ständig sein unzureichendes Wissen, andererseits stellt er doch eine komplizierte Theorie auf, womit er die klinischen Phänomene interpretiert und in Kontroversen, so z.B. mit Jones (Jones 1962, II: 313), unnachgiebig daran festhält. Sein Gefühl des mangelnden Verständnisses für das »Rätsel im Wesen der Frau« (1914: 155) nimmt im Lauf der Zeit nicht ab. Nach vielen Jahren klinischer Forschung und Erfahrung stellt er fest, daß »das Geschlechtsleben des erwachsenen Weibes ein *dark continent* für die Psychologie« (1926: 241) sei, was mit einer Bemerkung über das Unbewußte korrespondiert, wo das Es als der »dunkle ... Teil unserer Persönlichkeit« (1933: 80) beschrieben wird. In einer anderen, ebenfalls späten Arbeit, klagt er, daß die »Entwicklungsvorgänge beim Mädchen« ihm »lücken- und schattenhaft« geblieben seien. (1924: 401) Sehr spät erst entdeckt er die ausgedehnte präödipale Geschichte des Mädchens in ihrer Beziehung zur Mutter. Er empfindet »die Einsicht in die präödipale Vorzeit des Mädchens ... als Überraschung, ähnlich wie auf anderem Gebiet die Aufdeckung der minoisch-mykenischen Kultur hinter der griechischen«. (1931: 519)

Aus den beschriebenen Hinweisen wird deutlich, daß Freud die Psychologie der Frau, vor allem ihre Sexualentwicklung, in ähnlicher Weise definiert wie das Unbewußte. Beides hat *Mangel- und Lückenhaftigkeit* als Konstruktionsprinzip. (Vgl. R. Schlesier 1981)

Ausgehend von ihrer konflikthaften Selbstdarstellung innerhalb des klinischen Erfahrungsbereichs konzipiert Freud die weibliche Sexualität unter Gesichtspunkten, die von der männlichen Psychologie abgeleitet sind, so daß Weiblichkeit als Ähnlichkeit mit und Abweichung von dem Männlichen erscheint, d.h. als Negativum, aber nicht als Positivum sui generis. Die »Bedingung der Weiblichkeit« ist und bleibt für Freud die »Penislosigkeit« (1918: 110), die er nicht in ihrer positiven Gegebenheit untersuchen kann, sondern auf der subjektiven Bedeutungsstufe klinischer Phänomene bleibend als *Verlust* wahrnimmt. Damit wird die Penislosigkeit als »Defekt« (1931: 526) festgeschrieben. Genau genommen repräsentieren die weiblichen Genitalien für Freud »verstümmelte Männlichkeit und verstümmelte Weiblichkeit zugleich«. (R. Schlesier 1981: 169) Die Klitoris »benimmt« sich zwar »wie ein echter und rechter Penis« (1908: 179), bleibt aber doch eigentlich das »›minderwertige‹ Organ, das ohne Zweideutigkeit diesen Namen verdient«. (1925: 25)

Das »eigentliche weibliche« Genitale ist die Vagina, die Freud nicht als »›Lust-Ort‹ der Frau«, sondern als den »des Mannes« (R. Schlesier 1981: 169) darstellt: als die die männliche »Genitalzone erregende Körperhöhle« (1905: 123), als »Hohlraum, der den Penis aufnimmt« (1908: 180), als »Herberge des Penis« (1923: 298). Unter dem phallischen Vorzeichen von Freuds Betrachtungsweise wird die Vagina zur »Wunde«, welche die Frau »anstatt des männlichen Gliedes« hat. (1918: 110)

Ohne nun Freuds Theorie der weiblichen Sexualentwicklung in extenso aufzurollen, scheint soviel deutlich zu sein, daß Freud das Rätsel der Weiblichkeit nicht gelöst hat. (Vgl. M. Mitscherlich 1982) Gerade die Dominanz des Ödipusmythos in seinem Verstehensansatz, der eine differenzierte Psychologie des Mannes ermöglichte, hat den Zugang zum Verständnis der Frau wohl nicht erleichtert. (Vgl. R. Waldeck 1982) Freud bleibt mit seiner Auffassung der weiblichen Psychologie zu sehr innerhalb der seinem klinischen Erfahrungsgegenstand entströmenden Mystifikationen, deshalb hält er die unter dem Phallusprimat sich darstellenden klinischen Erscheinungen für das Wesentliche, statt sie als konfliktbestimmte *Abwehrformationen* zu erkennen. (Jones 1928; 1932)

Allerdings muß seine Theorie der Weiblichkeit insofern ernst genommen werden, als sie die Schwierigkeiten und konfliktbestimmten Deformationen bei der Entwicklung weiblicher Identität in enger Anlehnung an die klinischen Phänomene zuverlässig erfaßt. Mit dem Ziel, einen Begriff von entwickelter Weiblichkeit zu geben, ist der Kliniker prinzipiell überfordert, da ein solches Unterfangen den klinischen Rahmen übersteigt und in eine schwer überschaubare gesellschaftlich-historische Dimension mündet, die Weiblichkeit (und damit bis zu einem gewissen Grad auch Männlichkeit) letztlich nur als *utopischen Begriff* im Sinne Blochs formulieren kann. Freud trifft, als er sich mit den Problemen weiblicher Sexualität befassen muß, auf jahrtausendealte granitene Unterdrückungsstrukturen, die im klinischen Betrachtungsrahmen als solche undurchschaubar bleiben. Der Aufweis der Barrieren und Klippen bei der Entwicklung zur Weiblichkeit gibt Freuds Psychologie der Frau Aspekte von Aufklärung, aber seine Tendenz, die in einer negativen Begrifflichkeit gefaßten Beobachtungen zu ontologisieren, ist unverkennbar ein Akt der Remythologisierung. (Vgl. S. Anselm 1983) Ödipus-Freud ist trotz aller demonstrativen Unsicherheit hier doch in patriarchalisch-konquistadorenhafter Weise zu sicher.

## Freuds Verkürzungen des Ödipusmythos

Freuds Annäherung an den Ödipusmythos ist dadurch bestimmt, daß er Ödipus, den Sohn mit inzestuöser Verliebtheit in die Mutter und rivalistisch-aggressiven Gefühlen gegenüber dem Vater, bei seinen Patienten und bei sich selbst wahrnahm. Die biologische Verankerung dieses (positiven) »Ödipuskomplexes« steht für Freud außer Frage. Wie die im ersten Teil dargelegte kritische Auseinandersetzung mit Freuds phylogenetischen Hypothesen zeigt, neigt Freud dazu, die Wurzeln des Ödipuskomplexes in seiner hetero- und homosexuellen Erscheinungsweise aus den Verhältnissen der »Urhorde« abzuleiten. Etwas allgemeiner und vorsichtig lautet die Formulierung seiner Annahme, »daß der Ödipus-Komplex das psychische Korrelat zweier fundamentaler biologischer Tatsachen ist, der langen infantilen Abhängigkeit des Menschen und der merkwürdigen Art, wie sein Sexualleben im dritten bis fünften Jahr einen ersten Höhepunkt erreicht, um dann nach einer Periode der Hemmung mit der Pubertät neu einzusetzen«. (Freud 1928: 426)

Freud läßt zwar den Einfluß der Eltern oder Elternersatzpersonen auf die Ausformung des Ödipuskomplexes nie ganz unberücksichtigt – im ersten Abschnitt seiner Theoriebildung schreibt er ihnen hinsichtlich hysterischer Konflikte sogar den alleinigen Einfluß im Sinne einer direkten sexuellen Verführung zu –, aber nachdem er (1897) die »Verführungstheorie« widerrufen hat, beginnt er, den Ödipuskomplex immer mehr im Licht einer triebhaften Spontaneität wahrzunehmen: »Versäumen wir nicht hinzuzufügen, daß häufig die Eltern selbst einen entscheidenden Einfluß auf die Erweckung der Ödipuseinstellung des Kindes üben, indem sie selbst der geschlechtlichen Anziehung folgen, und wo mehrere Kinder sind, in der deutlichsten Weise der Vater das Töchterchen und die Mutter den Sohn in ihrer Zärtlichkeit bevorzugen. *Aber die spontane Natur des kindlichen Ödipuskomplexes kann nicht einmal durch dieses Moment ernstlich erschüttert werden.*« (Freud 1916/17: 345f. Hervorhebung durch den Verf.)

Ich beabsichtige nicht, mich mit der Theorie des Ödipuskomplexes in ihrer ganzen Breite auseinanderzusetzen, wozu auch eine detaillierte Diskussion des vielschichtigen, in der deutschen Psychoanalyse kaum diskutierten *Antiödipus* von Deleuze und Guattari (1972) gehören würde, sondern ich beziehe mich lediglich auf Arbeiten, die eine Verbindung zwischen dem Ödipusmythos und Freuds Theoriebildung herstellen. Die entsprechenden Autoren sind Georges Devereux (1951), Marianne Krüll (1979), Alice Miller (1981) und Jeffrey Masson (1984). Masson bezieht sich zwar nicht explizit auf den Mythos von Ödipus, vertritt aber die von M. Krüll und A. Miller wieder aufgenommene »Verführungstheorie« in extremer Weise und glaubt, diese mit neuem Material belegen zu können.

Devereux kritisiert in seinem Aufsatz *Why Ödipus killed Laius* (1953) die in der psychoanalytischen Literatur weitgehende Skotomisierung der dem Ödipuskomplex des Kindes komplementären Haltung der Eltern (Laios-Komplex, Jokaste-

Komplex). Er vermutet ein tiefsitzendes Bedürfnis der Erwachsenen, alle Verantwortung für den Ödipuskomplex dem Kind zuzuschieben und ihre Beteiligung daran abzuwehren. Devereux, der bei seiner Argumentation strikt auf dem Boden der psychoanalytischen Trieb- und Ödipustheorie bleibt, kritisiert zu Recht, daß Freud nach der notwendigen Revision seiner ursprünglichen Verführungshypothese das real verführende Verhalten von Eltern zu wenig berücksichtigt habe. Als mögliche Gründe dafür führt Devereux die für das 19. Jahrhundert typische Geringschätzung des Kindes an, wozu das Konzept des Ödipuskomplexes besser passe als dessen Komplement, der »Laios- und Jokaste-Komplex«. Die Skotomisierungsneigung sei, nicht nur durch Freuds Einfluß, sondern auch durch soziale Rücksichten und die Ängste der Analytiker, so intensiv gewesen, daß selbst die Hinweise Ferenczis und seiner Schüler auf die Fähigkeit der Kinder, durch den »unbewußten Dialog« die wahren Gefühle der Eltern ihnen gegenüber wahrzunehmen, fruchtlos geblieben seien. Bei sexuellen Kontakten zwischen Erwachsenen und Kindern, die weit häufiger seien, als gemeinhin anerkannt, erfolge nur in seltenen Fällen die Initiative dazu von den Kindern.

Die große Popularität der Ödipustrilogie von Sophokles bestätige diese Interpretation, da die Frauen sich unbewußt mit den Problemen Jokastes und die Männer mit denen des Laios identifiziert hätten. Laios sei nicht eine Marionette des unabänderlichen Schicksals gewesen, sondern eine psychologisch plausible und konsistente Person, deren Charakterstruktur uns die wahre Erklärung seines Geschicks liefere. Laios' Charakter bringt Devereux in Verbindung mit seiner Lebensgeschichte, die eine gewisse Ähnlichkeit mit der von Ödipus hat. Der Vater von Laios, König Labdakos von Theben, stirbt, als sein Sohn erst ein Jahr alt ist. Darauf reißt Lykos (der Wolf) den Thron an sich, wobei er seine Nichte Antiope ausschaltet. Dann erobern die Söhne Antiopes Theben, erschlagen Lykos und verbannen Laios, der den ihm zustehenden Thron erst nach dem Tod von Antiopes Söhnen erhält.

Die Zeit seiner Verbannung bringt er am Hofe von König Pelops zu, in dessen Sohn Chrysippos er sich – wie im zweiten Teil dargelegt – verliebt und ihn raubt. Darauf verflucht Pelops den Laios, er solle von der Hand seines eigenen Sohnes sterben und dieser solle seine Mutter heiraten. Nach der beschriebenen Version ist Hera, die Schützerin der Ehe, so erbost über den Raub des Chrysippos, daß sie die Sphinx nach Theben schickt. Gemäß einer anderen Fassung wird Ödipus als Opfer ausgesetzt, um Heras Zorn zu besänftigen. Hera bringt also Laios soweit, sich nicht nur von seinem Bettgenossen Chrysippos zu trennen, sondern auch von Ödipus. Nach wiederum anderen Quellen kämpfen Ödipus und Laios als Rivalen um die Liebe des Chrysippos.

Devereux interpretiert Chrysippos als homosexuelle Einstellung von Ödipus, die durch die aggressiven und homosexuellen Attacken von Laios in ihm geweckt worden seien. Laios scheint eine besondere Neigung zu unüberlegter Gewalttätigkeit zu haben. Das erweist sich nicht nur beim Raub des Chrysippos und der Aussetzung von Ödipus, sondern auch in seiner unprovozierten Aggression gegen den Wanderer Ödipus, die diesen dazu bringt, Laios zu erschlagen.

Nach einigen Versionen erfolgt der Kampf zwischen Laios und Ödipus im Beisein von Jokaste, wobei unmittelbar nach der Tötung des Laios der Inzest stattfindet. Einer anderen Quelle entsprechend, raubt Ödipus Jokaste, wobei er weiß, daß sie seine Mutter ist. Nach einem Fragment der *Oidipodeia* nimmt Ödipus dem toten Laios das Wehrgehänge ab, was Devereux – ebenso Reik (1920) vor ihm – als Kastration und Feminisierung von Laios deutet. Damit kehrt Ödipus über den Vatermord und Inzest die Rollen um, indem er nun den Vater kastriert und feminisiert, wie Laios es früher mit ihm gemacht hat. »Wenn das so ist, dann war die Kohabitation mit Jokaste nicht nur die Kohabitation mit der Mutter als einer Frau, sondern auch mit der Mutter als einem nun feminisierten homosexuellen väterlichen Oger ... Daher dürfte die Behauptung nicht zu weit hergeholt sein, daß die Kohabitation mit Jokaste primär als ein homosexueller und nur vordergründig als ein heterosexueller Akt betrachtet werden sollte, wobei das wahre Liebes-Haß-Objekt der nun feminisierte homosexuelle Oger Laios ist.« (Devereux 1951: 134f.; übersetzt vom Verf.)

Devereux leitet aus der Beschäftigung mit dem Ödipusmythos folgende, weiterer Untersuchung bedürftige Hypothesen ab:

1. Geschichte der Psychoanalyse: Gesellschaftlich bedingte Skotomisierungen sind für die Unterbewertung des »Laios- und Jokaste-Komplexes« als Komplement des Ödipuskomplexes verantwortlich.
2. Metapsychologie: Eine Analyse des Ödipusmythos ergibt keine Belege für die These, »daß biologische und/oder phylogenetische Faktoren *primär* verantwortlich für den Ödipuskomplex sind.« (Ebd.: 139)
3. Psychosexuelle Entwicklung: Der Ödipuskomplex scheint eine Folge der Empfänglichkeit des Kindes für die sexuellen und aggressiven Gefühle seiner Eltern zu sein. Homosexuelle Konflikte dürften in der Entwicklung der Ödipuseinstellung eine größere Rolle spielen als bisher vermutet.
4. Klinische Implikationen: Devereux hält die Untersuchung für wichtig, inwieweit heterosexuelle ödipale Gefühle, die den gegengeschlechtlichen Elternteil betreffen, nicht auch homosexuelle Impulse beinhalten und/oder verbergen, die sich auf den gleichgeschlechtlichen Elternteil beziehen.
5. Angewandte Psychoanalyse:
   a) Der Ödipusmythos: Die Frühgeschichte von Laios ist von fundamentaler Bedeutung für das Verständnis des gesamten Ödipusmythos. Diese Ereignisse scheinen bei den Griechen eine Art »homosexueller Verführungstheorie« nahezulegen, nämlich die Tendenz des männlichen Kindes, den eigenen Vater als homosexuellen Oger zu erleben und sich zu wünschen, mit ihm die Rollen zu tauschen.
   b) Griechische Literatur: Eine Untersuchung der Probleme von Laios legt nahe, daß – besonders im griechischen Drama – das Schicksal in Wirklichkeit eine Personifikation der Charakterstruktur ist.
   c) Mythologie: Devereux ist der Auffassung, daß unterschiedliche und sogar widersprüchlich erscheinende Versionen einer bestimmten mythologischen Episode sich psychologisch nicht nur nicht widersprechen, sondern sich in Wirklichkeit gegenseitig ergänzen und eine tiefere Einsicht in die zentrale Bedeutungsschicht eines basalen Themas oder Motivs erlauben.

Die Hauptthesen dieses Aufsatzes von Devereux wurden deshalb so ausführlich referiert, weil sie bis auf zwei Punkte, die noch zu kritisieren sein werden, ein gutes Beispiel dafür geben, wie Psychoanalytiker mit einem mythologischen Thema umgehen sollten. Devereux vermeidet sowohl klinische Einengungen und Bornierungen der kulturell-gesellschaftlichen Sphäre als auch soziologistische Verwässerungen des klinischen Erfahrungsbereichs. Darüber hinaus bietet er den theoretischen Hintergrund für eine aktuelle Kontroverse um Freuds Auffassung des Ödipuskomplexes, die unter dem Stichwort »Verführungstheorie« zusammenzufassen ist.

Kritisch anzumerken ist, daß die Ausführungen von Devereux ihre für die Erscheinungszeit des besprochenen Artikels (1953) sicher zutreffende Schärfe hinsichtlich der zu geringen Beachtung elterlicher Einflüsse auf die Entwicklung des Ödipuskomplexes heute in diesem Ausmaß nicht mehr bräuchten. In dieser Hinsicht hat der zunehmende Einfluß der Objektbeziehungstheorie (M. Klein, Winnicott, Balint, M. Mahler, H. E. Richter) die klinische Szene wesentlich in Richtung der von Devereux formulierten Erfordernisse verändert. Weiterhin scheint es mir überspitzt, den Ödipusmythos so zu interpretieren, als ob die heterosexuelle Komponente des männlichen Ödipuskomplexes, die Inzestliebe des Sohnes gegenüber der Mutter, nur eine verhüllte Form der homosexuellen Liebe zum Vater sei. Eine solche Deutung ist schon anfechtbar aufgrund des Materials, auf das sich Devereux stützt. Etwas konkretistisch interpretiert er die homosexuellen Aspekte des Mythos nur auf der Ebene des direkten objektgerichteten Wunsches, aber nicht auch gleichzeitig als Ausdruck von Identifizierungsvorgängen, die die ödipale Beziehung des Sohnes zum Vater sehr wesentlich mitprägen und eine primär heterosexuelle Ausrichtung haben. So deutet Devereux die Version, in der Ödipus seinem getöteten Vater das Schwert und den Waffengürtel abnimmt, als Kastration (Schwert = Penis) und Feminisierung (im griechischen Kulturbereich bedeutet die Lösung des Gürtels bei der Frau sexuelle Inbesitznahme). Diese an sich richtige Deutung wird einseitig, wenn sie nicht gleichzeitig auch die Identifizierung beinhaltet, wobei der Sohn den Penis (Schwert), d.h. die Männlichkeit des Vaters, »raubt« (Mendel 1972), um sich, so mit der Potenz des Vaters ausgestattet, der Mutter nähern zu können, was Ödipus im Verlauf der Handlung dann ja erfolgreich tut.

Noch anfechtbarer ist der – für Psychoanalytiker leider typische – Umstand, daß Devereux seine Aussagen für den gesamten Ödipusmythos macht, ohne alle seine Versionen darzustellen und diese miteinander in Beziehung zu setzen. Bei einem Überblick über alle griechischen Versionen des Ödipusmythos ergibt sich keine Dominanz des homosexuellen Motivs bei Ödipus, sondern doch ein Überwiegen der heterosexuellen Ausrichtung. Es finden sich auch einige Hinweise auf eine geheime Allianz zwischen Jokaste und Ödipus, die von Jokaste ausgeht und gegen Laios gerichtet ist. Im Drama von Sophokles (*König Ödipus*) ahnt Jokaste lange vor Ödipus die wahren Zusammenhänge, ohne dadurch in Panik zu geraten. Ganz im Gegenteil bemüht sie sich geschickt, Ödipus von der richtigen Fährte abzulenken. In einer anderen Version (Kerényi 1958) gelangen Jokaste und Ödipus auf einer Reise an die Stelle im Kithairon, wo Ödipus den Laios erschlug. Als er ihr dieses Ereignis erzählt und ihr das Wehrgehänge, das er dem Laios abnahm, zeigt, erkennt sie in ihm den Mörder ihres Mannes, geht aber schweigend darüber hinweg. Nach einer davon verschiedenen Quelle (Kerényi 1958) erschlägt Ödipus seinen Vater Laios vor den Augen Jokastes, vergewaltigt sie anschließend, flieht und wird später doch noch König von Theben und Ehemann Jokastes.

Wenn wir uns wieder auf die Anfänge der Psychoanalyse beziehen, erscheint – nach den so ergänzten und relativierten Ausführungen von Devereux – Freuds zu rigorose Abkehr von der Verführungstheorie und die Überbetonung der biologischen Basis des Ödipuskomplexes als eine *Verkürzung des Ödipusmythos.* Berücksichtigt man meine zum Rätsel der Sphinx gegebene Interpretation, fällt auch die böse, verfolgende Mutterimago der prägenitalen Frühzeit unter diese Verkürzungstendenz. Aus der Sohnesperspektive hat Freud eine differenzierte Sicht des Verhältnisses zwischen Vater und Sohn, sowohl nach der libidinösen als auch aggressiven Seite hin, während er dazu neigt, die Beziehung zwischen Mutter und Sohn eindimensional auf den libidinösen Aspekt festzulegen.[7] Die ausgewogene, durch seine klinische Erfahrung und ethnologische Forschungstätigkeit differenziert begründete Kritik von Devereux an Freuds Theorie des Ödipuskomplexes und der darauf aufbauenden psychoanalytisch-klinischen Praxis erfuhr in den letzten Jahren eine Radikalisierung durch Marianne Krüll (1979), Alice Miller (1981) und Jeffrey Masson (1984).

Die ursprüngliche Absicht der Soziologin Marianne Krüll, eine »Wissens- und wissenschaftssoziologische Studie« zu verfassen, »in der die sozialen, geistesgeschichtlichen, politischen und ökonomischen Hintergründe des Lebens von Sigmund Freud mit der Entwicklung des psychoanalytischen Theoriegebäudes in Verbindung gebracht werden sollten«, veränderte sich und »wurde mehr und mehr eine Biographie Sigmund Freuds und seines Vaters Jakob«. (1979: 11) In ihrem Werk: *Freud und sein Vater* (1979) versucht M. Krüll, die Entstehung der Psychoanalyse vor dem Hintergrund von Freuds konflikthafter Vaterbindung zu analysieren. Mit dem familientherapeutischen Konzept H. Stierlins untersucht sie die frühe Theoriebildung Freuds unter dem Aspekt des vom Vater ausgehenden »unbewußten Auftrags« an den Sohn (Sigmund). Unter diesem Blickwinkel hält sie die Aufgabe der Verführungstheorie, der gemäß die hysterischen Störungen auf reale sexuelle Verführungen der Kinder, vor allem durch die Väter oder andere erwachsene Personen zurückgehen, und die Ersetzung dieser Annahme durch die Theorie des Ödipuskomplexes für »eine irrationale Handlung« (76) Freuds. In Auseinandersetzung mit dem referierten Aufsatz von Devereux kommt sie zu dem Schluß, daß der vollständige Ödipusmythos Beweise für die Verführungstheorie liefere. Freuds Nichtbeachtung der Vorgeschichte von Laios gehe auf seine ungelöste Vaterbindung zurück, welche über die Vergangenheit und »Schuld des Vaters« ein Tabu verhängt habe.

Was ist nun nach M. Krülls Meinung die Schuld von Freuds Vater Jakob und der damit in Beziehung stehende Auftrag an seinen Sohn Sigmund? Das biographische Material, auf das M. Krüll ihren familientherapeutischen Verstehensansatz gründet, ist, wie sie selber zugibt, äußerst spärlich. In ihren Ausführungen dominiert deshalb auch der Eventualis: »Ich habe die Vermutung ... es ist denkbar ... eventuell ... Wenn man annimmt ... Man kann sich vorstellen ... Ich glaube ... Da man nicht weiß ... kann man nur vermuten ... so stelle ich mir vor ... Es könnte sogar sein ... Es ist sehr wahrscheinlich ... Vielleicht ... Es ist daher möglich ... könnte hindeuten ...« (126f.)

M. Krüll vermutet bei Jakob Freud Schuldgefühle aus folgenden Gründen: Da er wahrscheinlich beim Tod seines Vaters Schlomo nicht zu Hause war und deshalb das Totengebet an seinem Grab nicht sprechen konnte; da er sich vom orthYdoxen Judentum getrennt hatte; da er – als Handelsmann monatelang unterwegs – möglicherweise zwischendurch andere Frauen hatte oder onanierte.

Auf diesem schwankenden Gerüst völlig unbewiesener Annahmen kommt sie zu der Auffassung, Jakob Freud habe seinem Sohn Sigmund den (unbewußten) Auftrag erteilt, seine (Jacobs) Schuld zu sühnen und zu büßen. Darauf aufbauend, erklärt sie die beiden in Freuds wissenschaftlicher Arbeit zentralen Themen, die Sexualität und das Schuldgefühl des Sohnes gegenüber dem Vater, als deckungsgleich »mit den Bereichen ..., in denen sich Jakob Freud schuldig fühlte«. (126)

Auf diesem theoretischen Hintergrund sucht M. Krüll die biographischen Details aus Freuds Leben zu ordnen, wobei sehr verdienstvolle und erhellende Recherchierungsarbeit, scharfsinnige Hypothesen und haltlose Spekulationen eine Verbindung eingehen, die den Leser einem ständigen Wechselbad von Interesse und fassungslosem Erstaunen über die ihm zugemuteten Simplifizierungen aussetzen. In einem makroskopischen Blick auf die Psychoanalyse faßt M. Krüll ihre Erkenntnisse zusammen: »Für uns ist es allerdings ernüchternd, uns vorstellen zu müssen, daß die Psychoanalyse von Freud erfunden wurde, weil sein Vater wahrscheinlich unter seiner Onanie litt und vermutlich mit dem eigenen Vater einen Streit über den rechten Glauben hatte; daß Freud als gehorsamer Sohn lediglich Aufträge seines Vaters erfüllte; daß seine Motivation zur Schaffung eines epochalen Werkes in seinem kindlichen Wunsch bestand, es dem Vater recht zu machen.« (210)

So einfach liegen die Dinge also. Kein Wort von den objektiven gesellschaftlichen Bedingungen und dem besonderen klinischen Ausgangsmaterial Freuds in diesem Zusammenhang. Hier handelt es sich nicht nur um haltlose Spekulationen, sondern um einen reduktiven Psychologismus krudester Art, der auch dadurch nicht akzeptabler wird, wenn gelegentlich Psychoanalytiker kräftig in das gleiche Horn gestoßen haben.

Hinsichtlich der Verführungstheorie vertritt M. Krüll mit der Auffassung, daß Freud damit »eine wirklich psychoanalytische Theorie entwickelt hatte, bei der es nur noch darum gehen mußte, sie von ihrer extremen Fixierung auf *sexuelle* Verführung zu befreien« (90), in einem ersten Schritt eine diskussionswürdige Position, falls die Autorin sich damit begnügt hätte, die biologistische Gewichtung, die Freud seiner Theorie vom Ödipuskomplex gab, zu mildern, sie aber nicht aufzugeben. Wenn nun M. Krüll »die gesamte Ödipustheorie mit den vielen auf ihr basierenden Konzepten und Konstrukten« für letztlich auf dem »Tabu Jakobs« beruhende »Mystifizierungen« (246) hält, wodurch eine Untersuchung der Beziehung zwischen dem Kind und seiner sozialen Umwelt verhindert werde, dann ist das nicht nur ein psychologistisch-reduktives Mißverständnis, sondern auch gleichzeitig eine soziologistische Verwässerung der Psychoanalyse. Marianne Krüll, die engagierte Forscherin, hat sich durch die Umwandlung ihrer ursprünglichen soziologischen Zielsetzung in eine psychoanalytische Untersuchung der Beziehung zwischen Freud und seinem Vater übernommen. Auch der an sich fruchtbare familientherapeutische Verstehensansatz konnte sich aus Mangel an gesicherten Informationen nicht entfalten.

In ähnlicher Weise wie M. Krüll rückt die Schweizer Psychoanalytikerin Alice Miller in ihren Werken – besonders in: *Du sollst nicht merken* (1981) – von der Freudschen Trieb- und Ödipustheorie ab. Sie sieht in Freuds Trieblehre »für die Psychonanalyse die Gefahr einer Selbstverstümmelung« (1981: 12), was sie so begründet: »Denn wie soll ihr Instrumentarium schöpferisch eingesetzt werden, wenn die Frage nach der jeweiligen Kindheitsprägung einer Generation bereits mit dem Ödipuskomplex ein für alle Mal beantwortet worden ist? Statt das neue Material in seiner Einmaligkeit zu verstehen, muß sich der Analytiker während seiner Ausbildung darin üben, es nicht neu, sondern als Beispiel der ein für alle Male gültigen Theorie zu sehen. Er lernt so, auf die weittragenden, Wahrheit erschließenden Kräfte seines Instrumentariums zu verzichten, bevor er sie entdecken konnte.« (Ebd.)

Dieses Zitat enthält die basale Prämisse, welche die gesamte Argumentationsstruktur von A. Millers Ausführungen trägt und

– gesetzt den Fall, sie ist richtig – ihren Literaturinterpretationen und Erfahrungsberichten als Psychoanalytikerin, Lehranalytikerin und Supervisorin einen hohen Grad von Plausibilität verleiht. Wenn wir A. Millers Prämisse genauer untersuchen, wird darin folgendes ausgesagt: Die Annahme der Ödipustheorie zwingt den Psychoanalytiker, nicht am Patienten, d.h. an seiner Individualität orientiert, sondern an der Theorie orientiert zu arbeiten, was A. Miller anscheinend so versteht, daß alles, was der Analysand sagt, »als Beispiel der ein für alle Male gültigen Theorien« aufzufassen ist. Der Weg zur Einmaligkeit des einzelnen ist verbaut, da das Einzelne aus dem Allgemeinen, der Theorie, abgeleitet wird. »Wenn die Frage nach der jeweiligen Kindheitsprägung einer Generation bereits mit dem Ödipuskomplex ein für alle Male beantwortet ist«, besagt das, daß eine solche Konzeption nur eine *rein biologistische Theorie* sein kann, die keinen Raum mehr läßt für Umwelteinflüsse. Diese Voraussetzung trifft schon für die bereits zitierte relativ biologistischste Formulierung Freuds für den Ödipuskomplex nicht zu, wo er feststellt, »daß häufig die Eltern selbst einen entscheidenden Einfluß auf die Erweckung der Ödipuseinstellung des Kindes üben«. (Freud 1916/17: 346) Noch weniger ist A. Millers Behauptung für die heutige Situation richtig, die sich durch die Objektbeziehungstheorie wesentlich verändert hat. A. Millers Prämisse ist die überspitzte und isolierte Verabsolutierung eines Teilaspekts des sehr komplexen und in sich gegensätzlichen psychoanalytischen Vorgehens, welches vom Therapeuten einerseits verlangt, sich voll auf den Patienten als Individuum einzulassen, diesen möglichst nicht in theoretische Schubladen zu zwängen und deshalb die Theorie zurückzustellen, andererseits von ihm aber fordert, ein psychoanalytisches Verständnis zu entwickeln, was unter völligem Verzicht auf die klinische Theorie nicht möglich ist. Ich habe bisher in meiner Eigenschaft als Psychoanalytiker noch keinen Menschen kennengelernt, dessen Ödipuskomplex wirklich genauso geartet gewesen wäre, wie der eines anderen. Die Theorie des Ödipuskomplexes schließt, sobald sie das biologische Moment nicht übergewichtig werden läßt, eine Annäherung an die Individualität des Analysanden überhaupt nicht aus. Deshalb kann ich mir nur schwer vorstellen, daß A. Miller in diesem Punkt andere Erfahrungen gemacht hat. Derjenige, der das Zerrbild, das A. Miller von der an der Ödipustheorie orientierten Psychoanalyse entwirft, akzeptiert, wird ihren Schlußfolgerungen auch aus vollem Herzen zustimmen. Die im Ansatz wertvolle Kritik A. Millers macht durch ihre Überspitzung ihr Engagement zum Kampf mit einem Strohmann. Damit verkenne ich nicht, daß die Ödipustheorie Widerstände bei Psychoanalytikern gegen ein adäquates Verständnis schwieriger Aspekte der therapeutischen Beziehung in der von A. Miller beschriebenen Weise begünstigt. Ich bestreite lediglich, daß diese Widerstände so absolut, zwangsläufig, kategorisch und quasi objektiv durch die Theorie des Ödipuskomplexes bestimmt werden, wie A. Miller es empfindet.

Außerdem stelle ich auch nicht in Abrede, daß realer sexueller Mißbrauch von Kindern durch Erwachsene häufiger ist, als gemeinhin anerkannt, was aber noch keinen ausreichenden Grund dafür schafft, Freuds aufgegebene Verführungstheorie als einzige Verstehensgrundlage zu akzeptieren und die Bedeutung der durch Triebwünsche gespeisten Phantasien zu vernachlässigen. Durch ihre mit überspitzten und damit falschen Argumenten begründete Ablehnung der Trieb- und Ödipustheorie engt A. Miller das Verstehens- und Behandlungsspektrum auf die narzißtische Dimension ein, was zwar ihr Generalthema, das unverstandene und mißhandelte Kind, im Vordergrund läßt, diesem Kind aber nicht zu einem reifen Umgang mit seinen Triebkonflikten verhilft.

In dem geschilderten Zusammenhang erscheint es mir dann auch nicht zufällig, daß Alice Miller die Lebensgeschichte von Ödipus, womit sie Freud, ähnlich wie Devereux und M. Krüll es zuvor getan haben, eine Verkürzung des Ödipusmythos vorhält, nach der von sexuellen Details weitgehend gereinigten, für die Schuljugend geschriebenen Fassung Gustav Schwabs zitiert. (1981: 174-185)

Die bei Devereux noch differenzierte und ausgewogene, von M. Krüll und A. Miller aber durch die Ablehnung der Trieb- und Ödipustheorie wesentlich verschärfte und auch vergröberte Kritik an Freud erfuhr durch Jeffrey M. Masson (1984) eine noch weitergehende Radikalisierung. Seiner Auffassung nach ist die Verführungstheorie »der wichtigste Eckpfeiler der Psychoanalyse« (1984: 12), den Freud aufgab, »weil er nicht genügend Mut gehabt hatte«. (Ebd.: 16) Durch die Zurücknahme der Verführungstheorie habe sich Freud an die Meinungen seiner akademischen Kollegen angepaßt und durch diesen Unterwerfungsakt den Grundstein für die Entwicklung der psychoanalytischen Bewegung gelegt. »Die vorherrschende Meinung der Psychotherapeuten lautet, das Opfer habe sich seine Qualen ausgedacht. Damit ließen sich insbesondere Sexualverbrechen der Vorstellungskraft des Opfers anlasten, eine Position, die der Freud-Schüler Karl Abraham vertrat und die Freud selbst begeistert aufnahm. Für die Gesellschaft war dies eine tröstliche Ansicht, denn Freuds Interpretation – der zufolge die sexuelle Gewalt, die sich so schwerwiegend auf das Leben seiner Patientinnen ausgewirkt hatte, ein reines Phantasieprodukt ist – war keine Bedrohung für die bestehende Gesellschaftsordnung. Die Therapeuten konnten dadurch auf der Seite der Erfolgreichen und Mächtigen bleiben, statt sich auf die Seite der Opfer familiärer Gewalt zu stellen. Daß ich die Grundlage dieser Auffassung in Frage stelle, sieht man eher als eine Erschütterung der Psychoanalyse an und nicht nur als eine bloße historische Untersuchung.« (Ebd.: 17)

Masson versucht seine Kritik zu begründen durch eine Analyse von Freuds frühen Veröffentlichungen, vor allem seines Briefwechsels mit Fließ, den er durch den Einbezug neuer, von den Herausgebern A. Freud und E. Kris bisher nicht berücksichtigter Briefe ergänzte und durch eine Auswertung des bisher unveröffentlichten Tagebuchs von Ferenczi.

Die Argumentationsweise Massons ist eine weitgehend historische, nur in Ansätzen eine psychoanalytische. Er vertritt die Auffassung, daß der durch eine Abwehr der belastenden Realität (reale Verführung der Kinder) bedingte Irrtum Freuds bei der Bewertung des klinischen Materials von der großen Mehrheit der Psychoanalytiker einfach übernommen worden sei. Mit keinem einzigen Satz bedenkt Masson, daß die auf Freud folgenden Analytiker ja alle selbst klinische Erfahrungen gemacht haben, und damit die Ödipustheorie nachprüfen konnten. Ebenso bringt Masson keine eigenen klinischen Erfahrungen in die Diskussion, ein in der Tat sehr merkwürdiges Phänomen bei einem Psychoanalytiker. Auch seine Selbsterfahrung als Lehranalysand, die ihm doch konkretes Anschauungsmaterial am eigenen Leibe hätte liefern müssen, erwähnt er nur insofern, als seine beiden Analysen enttäuschend verlaufen seien. Seine Behauptung, Freuds Verführungstheorie sei »der wichtigste Eckpfeiler der Psychoanalyse«, erscheint mir deshalb unbegründet und zeigt nur, daß Masson nicht in der Lage war, an sich und anderen psychoanalytische Erfahrungen zu machen. Die Ausführungen Massons beweisen lediglich, daß Freud nach Etablierung der Ödipustheorie die realen Einwirkungen der Eltern auf das Schicksal der Kinder unterbewertet hat, d.h. daß die Theorie des Ödipuskomplexes bei Freud und nachfolgenden Psychoanalytikern wahrscheinlich auch eine Abwehrfunktion erfüllte. Das bedeutet aber nicht, daß eine Theorie durch eine Überdehnung ihres Geltungsbereichs (im Dienste der Abwehr) als ganze dadurch falsch wird. Sie muß nicht verworfen werden, sondern auf ihren genuinen Bedeutungsraum beschränkt werden. Die Tatsache, daß bestimmte sexuelle und aggressive Triebphänomene sich beim Kind erst über seine bewußte und vor allem unbewußte Beziehung zu seinen Eltern und anderen Erziehungspersonen entwickeln – das sind die unabweisbaren klinischen Erfahrungen, die der Psychoanalytiker macht –, darf den Beobachter weder dazu verleiten, diese Erscheinungen ausschließlich auf den Einfluß der Beziehungspersonen, noch allein auf die Spontaneität der Triebe zurückzuführen. Triebmanifestationen sind eine eng verzahnte unauflösliche Einheit aus beiden. Daher mißinterpretiert die Überspitzung und monokausale Verabsolutierung einer partiell gerechtfertigten Kritik durch M. Krüll, A. Miller und J. Masson ihren Gegenstand noch mehr als die Triebtheorie Freuds in ihrer dogmatischsten Anwendung, denn in ihr war der Einfluß realer Objektbeziehungen nie total ausgeblendet.

Die Konsequenz der Auffassungen von M. Krüll, A. Miller und J. Masson besteht darin, daß Phantasien letztlich immer nur als Reflex realer Ereignisse erscheinen. Damit vertreten diese Autoren wissenschaftstheoretisch einen Positivismus, wie er in so kruder Form auch in den dem positivistischen Paradigma verhafteten Sozialwissenschaften nirgends mehr praktiziert wird.

## Psychoanalyse und die Dialektik der Aufklärung

In meinen bisherigen Ausführungen habe ich die Rätsellösung als das Aufklärungsmoment des Ödipusmythos verstanden, wo die Naturbemächtigung – das vordringlichste Ziel des aufklärerischen Impetus – eine selbstreflexive Wendung vollzieht, die sich in der Selbstanalyse Freuds, dem mythischen Doppelgänger von Ödipus, radikal weiter entfaltet. In der Geschichte der Psychoanalyse als Therapie wiederholt sich mit der fast ausschließlichen Betonung der Übertragung (dem unbewußten Beziehungsanteil des Analysanden am therapeutischen Verhältnis) bei weitgehender Vernachlässigung der Gegenübertragung (dem unbewußten Beziehungsanteil des Analytikers am therapeutischen Verhältnis) während der ersten Jahrzehnte diese allgemeine historische Erkenntnisfigur, der zufolge die Erforschung des anderen, der Natur, derjenigen des Menschen selbst vorausgeht. Erst zu Beginn der fünfziger Jahre (P. Heimann 1950; M. Little 1951; H. Racker 1959) wird der unbewußte Beitrag des Psychoanalytikers zur therapeutischen Beziehung Gegenstand dezidierter Auseinandersetzung. Das führt zu einer genaueren Erkenntnis der strukturierenden und auch manipulativen Auswirkung unbewußter Wünsche und Erwartungen des Analytikers auf den Analysanden. Mit der differenzierteren Sicht der Gegenübertragung ist auch die Möglichkeit des Analytikers gewachsen, dem Analysanden mehr Freiraum zu seiner Entwicklung bereitzustellen. Damit wird die *Gegenübertragungsanalyse* der innerhalb der abendländischen Kultur am weitesten vorangetriebene Versuch eines Menschen, durch verstehenden Umgang mit sich selbst den anderen nicht im Sinn eigener Bedürfnisse zu benutzen und ihm dadurch einen Weg zu ermöglichen, der sein eigener ist. Diese Behauptung darf allerdings nicht als Selbstidealisierung der Psychoanalytiker mißverstanden werden. Der Akzent liegt darauf, daß es ein *Versuch* ist, der natürlich im strengen Sinn immer scheitern muß, da nur ein Roboter das »Ideal« emotionaler Bedürfnislosigkeit und Kontrolliertheit erfüllen könnte, womit aber gleichzeitig jede Voraussetzung für eine psychoanalytische Therapie zunichte gemacht wäre. Es geht also vor allem darum, die Grenzlinie des Scheiterns, wo Analytiker und Analysand gegenseitig ihre

Bedürfnisse befriedigen, ohne das zu reflektieren, möglichst weit hinauszuschieben. Die über Phasen von regressiver Abhängigkeit sich allmählich einstellende Entwicklung des Analysanden zu größerer Autonomie wird nicht nur durch den vom Analytiker ausgehenden unbewußten Wunsch bedroht – (gleichzeitig dadurch aber auch erst ermöglicht) –, sondern ebenso durch die psychoanalytische Theorie, die die Methode des Verstehens und Deutens fundiert. Der Begriff neigt durch die ihm eigene Generalisierungstendenz immer dazu, sich des Einmaligen zu bemächtigen und es in Typus zu verwandeln. Damit wird das Individuum in eine Ordnung eingereiht, die primär nicht seine eigene ist. Die psychoanalytische Deutung greift also in ein sehr komplexes lebendiges Geschehen ein, legt Strukturen frei und strukturiert damit selbst, auch wenn sie es nicht will.

Aufklärung zeigt hier wieder – wenn auch in sublimer Form – ihren gewaltsamen Anteil, wie er sich auch im zu überwindenden *Widerstand*, einem Hauptbegriff psychoanalytischer Therapie, andeutet. Wenn es um den Widerstand geht, bekommt die Sprache in der klinischen Literatur der Psychoanalyse ein nahezu militärisches Gepräge. Es ist dann vom »Angriff auf die vorhandenen Widerstände« (Rangell 1976: 301) die Rede. Im praktischen Vollzug gehen unbewußter Wunsch des Analytikers und Handhabung theoriegeleiteter Methode ständig Verbindungen ein, deren manipulatorischem Impuls er nur mit Selbstreflexion begegnen kann, wobei der Erfolg dieser Bemühung, wie gesagt, ein relativer ist. Deshalb ist ein ganz entscheidender Aspekt seines Handelns die Fähigkeit des Psychoanalytikers, die latente Bedrohung und Provokation, die von der nicht in unmittelbares emphatisches Verstehen auflösbaren Individualität des Analysanden ausgeht, auszuhalten und nicht durch einen vorzeitigen Griff nach der Theorie aufzuheben. In der Psychonanalyse erscheint »Selbstreflexion als Wissenschaft«. (Habermas 1971) Die durch das Setting und die Methode abgeschirmte und bestimmte psychoanalytische Situation ermöglicht eine Analytiker und Analysand einschließende Selbstreflexion in hohem Maß. In dem über Jahre sich ausdehnenden psychoanalytischen Prozeß bildet sich, gebrochen in der reflektierten Subjektivität beider klinischer Dialogpartner, allmählich die Gestalt der Lebens- und Entwicklungsgeschichte des Analysanden in einer Komplexität heraus, wie sie durch andere psychologische Methoden nicht zu erreichen ist. Es hat also durchaus seine Rationalität, wenn Psychoanalytiker darauf beharren, daß ihre Methode ihre maximale Kraft in der psychoanalytischen Situation entfaltet, wenn sie sich in ihren Argumenten immer wieder auf die klinische Empirie berufen und wenn sie der Forderung, die Psychoanalyse in einem nichtklinischen Rahmen, wie z.B. der Gesellschaftskritik, anzuwenden, mit Unsicherheit und Skepsis begegnen. Trotzdem halte ich mit Ziferstein (1970) alle Gründe, die Psychoanalytiker für eine Rechtfertigung gesellschaftskritischer und politischer Abstinenz anführen, wie die Wahrung des psychoanalytischen Inkognito (Kubie 1950), die Aufrechterhaltung der Reinheit psychoanalytischer Methodik (Gitelson 1963), Unwissenheit in Gesellschaftstheorie usw. letztlich für Rationalisierungen. Allerdings muß die mit dem Wechsel von der klinischen zur gesellschaftskritischen Position verbundene erhebliche Modifikation in Haltung und Methode des Psychoanalytikers reflektiert werden.[8]

Wenn wir nach den Gründen für die zunehmende Einengung der Psychonanalyse auf den klinischen Sektor forschen, werden wir auf drei übergreifende Gesichtspunkte treffen, die zwar miteinander zusammenhängen, aber doch durch verschiedene Akzentsetzungen voneinander abgrenzbar sind. Es handelt sich hierbei um den *institutionellen*, den *Abwehr-* und den *historischen Aspekt*. Psychoanalyse, ein später Höhepunkt europäischer Aufklärung, brauchte und braucht, um sich zu erhalten, weiterzuentwickeln und zu tradieren, *Institutionen*. Gleichzeitig aber beginnt mit der institutionellen Einbindung und Verflechtung aufklärender Vernunft ein Prozeß, der als »Selbstzerstörung der Aufklärung« (Horkheimer und Adorno 1947: 7) bezeichnet werden muß, da – wie die historische und aktuelle Erfahrung zeigt – jede Institution dazu tendiert, sich aus der Rückbindung an das Ziel, zu dessen Erreichen sie gegründet wurde, herauszunehmen, funktional autonom zu werden und sich selbst und ihre Erhaltung zum Brennpunkt der Aktivität zu machen. Das ursprüngliche Mittel wird zum Selbstzweck.

Diese Tendenz zur Umkehrung der Zweck-Mittel-Relation ist auch an der Psychoanalytischen Vereinigung zu sehen. Als nach der Etablierung lokaler psychoanalytischer Gesellschaften in Wien und Berlin die Internationale Psychoanalytische Vereinigung gegründet wurde, waren die Bedingungen für eine Mitgliedschaft die Anerkennung der Existenz des Unbewußten und die Festlegung auf die psychoanalytische Methode (Handhabung von Übertragung und Widerstand nach den von Freud gegebenen Hinweisen). Es gab gute rationale Gründe, so zu verfahren. Freud und seine Schüler brauchten dadurch nicht ihre Zeit zu verschwenden mit fruchtlosen Diskussionen, etwa darüber, ob es unbewußte psychische Prozesse gebe usw., sondern konnten in medias res gehen und sich Fragen zuwenden, bei denen sie sich weniger sicher fühlten. Einen weiteren, nicht weniger gewichtigen Grund für die Institutionalisierung bildeten die starken Anfeindungen, denen die Psychoanalyse ausgesetzt war und teils auch noch ist. Zu dem Widerstand von außen kam dann noch der Widerstand von innen, d.h. die von den Psychoanalytikern selbst ausgehenden Schwierigkeiten. Nach Waelder (1957) braucht der Analytiker in folgenden vier Punkten die Unterstützung seiner Kollegen: Da die Therapie sich auf Individuen bezieht, ist sie weitgehend nicht standardisierbar und führt daher immer wieder zu unvorhergesehenen Schwierigkeiten; damit zusammenhängend sind die Verständnismöglichkeiten eines jeden Analytikers aufgrund der Beschränkungen seiner Person eingeengt; da der psychoanalytische Therapeut alleine arbeitet, hat er außer dem Patienten keine Rückmeldung und kein Korrektiv; durch den ständigen Umgang mit unbewußten Prozessen kommt der Analytiker in Gefahr, seine Selbstkritik zu verlieren, also der »Irrealisierung« zu erliegen, wie Lüders (1984a) es nennt. Diese Liste könnte man noch mühelos verlängern, vor allem, was die Tradierung der Psychoanalyse in der Generationenfolge angeht, doch dürften die guten Gründe, die für eine psychoanalytische Vereinigung sprechen, hinreichend evident sein.

Institutionalisierung ist also einerseits eine unabweisbare Notwendigkeit, andererseits entstehen dadurch Prozesse, die ihrem ursprünglichen Ziel, der Erhaltung und Weiterentwicklung von Psychonanalyse als Aufklärung und damit als Emanzipation von irrationalen Zwängen, diametral entgegen gesetzt sind. Mit der gut begründbaren Festlegung der Mitgliedschaft in der psychoanalytischen Vereinigung sowohl hinsichtlich des *Gegenstands* als auch der *Methode*, weicht die Psychonanalyse von den üblichen Kriterien wissenschaftlicher Gemeinschaften ab (vgl. Waelder 1957), deren Bildung eher der gemeinsame Gegenstand und weniger die Methode bestimmt. Dadurch gleicht die Psychoanalyse formal eher einer Religionsgemeinschaft als einer wissenschaftlichen Vereinigung. Wenn dann noch eine durch die exklusive Irrationalität ihres Gegenstands, des Unbewußten, bedingte verstärkte Irrealisierungsbereitschaft der Psychoanalytiker hinzukommt, entsteht eine Neigung zum Rückzug aus allgemeineren wissenschaftlichen Diskussionszusammenhängen und eine Hinwendung zu sektiererischen Verhaltensweisen, die der institutionalisierten Psychoanalyse von ihren Kritikern nicht immer zu Unrecht vorgeworfen werden. Die Einengung verstärkt sich noch durch eine zunehmende Tendenz zur Abschaffung der »Laienanalyse«. (Vgl. Kennel 1984)

Im Zuge fortschreitender Institutionalisierung tendiert die psychoanalytische Ausbildung immer mehr zu einer Verschulung, Hierarchisierung und damit zu zunehmender Etablierung irrationaler Autorität. (Bernfeld 1962; Brocher 1970; Erdheim 1983; Speier 1983) Zweifellos gibt es sachliche Gründe für die heute geübte Art psychoanalytischer Ausbildung. Als Abendstudium für Berufstätige muß sie sich beschränken, in thematischer Hinsicht auf das Wichtigste und in methodischer Hinsicht auf die Bereiche, die nur durch persönliche Vermittlung und nicht allein durch Lektüre erlernbar sind. Natürlich ergibt sich unter diesen Bedingungen eine Dominanz der klinischen Psychoanalyse. Trotzdem ist es für deren Zukunft, für ihr Überleben auch als kritische Methode entscheidend, daß sie auch als Kulturtheorie, die die gesellschaftliche Bedeutung der Psychoanalyse als Therapie erhellt, an die nächste Generation weitergegeben wird. Die Sachzwänge, Knappheit von Zeit und Energie sind zwar real, aber nicht so zwingend, daß damit die weithin geübte psychoanalytische Ausbildungspraxis, die in der ausschließlichen Vermittlung von Psychoanalyse als klinischer Methode besteht, gerechtfertigt wäre. Die Festlegung auf ausschließlich klinische Psychoanalyse wird zu einer Abwehr gegen »das Unbehagen in der Kultur« und verhindert damit die Überführung psychoanalytischer Reflexivität aus dem Sprechzimmer auf die Psychoanalyse als gesellschaftlich-institutionelle Praxis und auf gesellschaftliche Prozesse schlechthin. Wenn dazu noch eine undifferenzierte Ablehnung von Kritik kommt, sind die Konsequenzen für die Zukunft der Psychoanalyse möglicherweise tödlich.

Was die berufspolitische Seite betrifft, ist es begründet, vernünftig und konsequent, wenn Psychoanalytiker die Belange ihrer Therapiemethode offensiv vertreten und ihren Anteil im Verteilungskampf, z.B. die Beteiligung an den Leistungen der Krankenkassen, fordern. Gleichzeitig aber rückt die Psychoanalyse als klinische Praxis damit wieder näher an die traditionelle Medizin und deren institutionalisierte, technokratische Vorstellungen von Krankheit und Heilung, was Parin (1983) unter der Bezeichnung »Medicozentrismus« mit Recht kritisiert.[9]

Diese Anerkennung der Psychoanalyse innerhalb ärztlicher Versorgungsleistungen setzt sie einem permanenten Anpassungsdruck aus, sich entsprechend den institutionellen und naturwissenschaftlichen Kriterien der Medizin Respektabilität zu erwerben.

Der Gegenstand der Psychoanalyse, das Unbewußte, löst bei allen, die mit ihm konfrontiert sind, spontane Fluchtbewegungen aus. Die Geschichte der Psychoanalyse ist auch die Geschichte spezifischer Widerstände gegen schwer erträgliche Aspekte des Unbewußten. Der wesentliche Teil der Arbeit, den der Psychoanalytiker zu leisten hat, besteht in der ständigen Auseinandersetzung mit seinen eigenen Abwehrhaltungen gegen das Unbewußte in ihm und seinem Analysanden. Der Schritt aus der klinischen Situation mit ihren klar definierten Rahmenbedingungen und der Einstellung auf einen mehrjährigen individuellen Verlauf hin zu einer gesellschaftskritischen Betrachtungsweise verlangt von dem Psychoanalytiker eine erhebliche Umstellung auf neue sehr komplexe Bedingungen und entsprechende methodische Überlegungen. Aber auch von dieser Betrachtungsweise her bleibt der *selbstreflexive Bezug* auf den Forschungsgegenstand, die Analyse der unbewußten Verstrickung des Forschers – wie Devereux in seiner klassischen Schrift: *Angst und Methode in den Verhaltenswissenschaften* (1967) dargestellt hat – der genuine methodische Beitrag der Psychoanalyse zur Wissenschaft.

Obwohl der enorme Einfluß der Psychoanalyse auf die Kultur des 20. Jahrhunderts unbestritten ist, erscheint sie weder in diese, noch speziell in die Wissenschaft wirklich integriert. Die verschiedenen Bereiche der Kultur und Wissenschaft verhielten sich und verhalten sich gegenüber der Psychoanalyse eklektizistisch. Jeder nimmt sich, was er braucht. Als Ganze war und ist die Psychoanalyse nicht akzeptabel. Das gilt sogar für einen nicht geringen Teil der Psychoanalytiker.

Heinz Kohut versuchte in seiner denkwürdigen Rede *Der Psychoanalytiker in der Gemeinde der Wissenschaftler* anläßlich der Verleihung der Ehrendoktorwürde in der Universität Cincinnati am 16. November 1973 den Gründen für die mangelhafte Aufnahme der Psychoanalyse in die Wissenschaften nachzugehen. Er diskutiert in diesem Zusammenhang als mögliche Gründe den Antisemitismus; den allgegenwärtigen Widerstand gegen eine Methode, die die etablierten Verdrängungen in Frage stellt; den gekränkten Narzißmus, der den Nachweis, der Mensch sei nicht Herr im eigenen Hause, der Psychoanalyse nicht verzeiht; den »Werkzeug- und Methoden-Stolz« bzw. den »Werkzeug- und Methoden-Snobismus«, der ebenfalls Trennwände zwischen den verschiedenen Wissenschaften errichtet.

Kohut kommt zu dem Schluß, daß alle diese Aspekte weder einzeln noch zusammen ausreichen, um die Isolation der Psychoanalyse in der Gemeinschaft der Wissenschaften zu erklären. Seiner Auffassung nach liegt der Hauptgrund für ihre mangelhafte Integration in folgenden Verhältnissen: Das wesentliche Ziel der Wissenschaft, ihre Herrschaft über die Natur auszudehnen, war nur durch Reinigung der »Denkprozesse von gewissen archaischen oder infantilen Eigenschaften« zu erreichen. Der Naturwissenschaftler mußte lernen, seine Subjektivität aus seinen Beobachtungen zu eliminieren, »er mußte die animistische Auffassung der Natur aufgeben ..., mußte lernen, sich in seinen Erklärungen immer weiter von seinen Sinneseindrücken zu entfernen«. (1975: 169) Der Psychoanalytiker scheint diesem Objektivitätsanspruch entgegenzuhandeln, wenn er sich der Subjektivität menschlichen Seelenlebens, vor allem dessen irrationalen Seiten, dem Unbewußten, zuwendet. Das unbewußte Denken ist extrem egozentrisch, körperbezogen, anthropomorph und verknüpft in animistischer Weise alles mit allem. Über die Wahrnehmung seiner eigenen emotionalen Beteiligung und deren Reflexion nimmt der Psychoanalytiker diese Inhalte auf, versucht sie im Rahmen seiner Denkkategorien zu deuten und gelangt so zu sehr komplexen Resultaten, deren Vieldeutigkeit den traditionellen Ordnungsbegriffen wissenschaftlicher Vernunft immer noch zur Provokation geraten. Für den Blick aus der Warte anderer Wissenschaften erscheint die psychoanalytische Methode wie eine Regression auf eine frühere, schon überwundene Form der Erkenntnis. Die rationale Methode der Psychoanalyse wird dabei mit der Irrationalität ihres Gegenstands gleichgesetzt. Argelander (1979) hat der kognitiven Organisation spezifischer Erkenntnisleistungen des Psychoanalytikers eine eingehende Untersuchung gewidmet.

Ungeachtet dessen, daß die Psychoanalyse aus der Sichtweise anderer Wissenschaften viel profitieren kann, steht sie, weil sie aus den dargelegten Gründen in besonderer Weise Mißverständnissen ausgesetzt ist, unter dem ständigen Druck, sich in einer Weise anzupassen, die ihre spezifische Erkenntnismethode verwässert.

Schließlich komme ich zu dem letzten der drei genannten übergreifenden Aspekte, die mir für die fortschreitende institutionelle Verfestigung der Psychoanalyse sehr wesentlich scheinen. Es ist der *historische*, vor allem auf den Nationalsozialismus verweisende Gesichtspunkt. Da in den dreißiger Jahren die Mehrzahl der Psychoanalytiker Juden waren, gerieten der Machtantritt der Nationalsozialisten und der Zweite Weltkrieg zu einem Enthauptungsschlag gegen die Psychoanalyse in Kontinentaleuropa. Die Psychoanalytiker jüdischer Herkunft flohen entweder in die USA, nach England, Australien und Canada oder wurden umgebracht. Aus allen Lebens- und Forschungszusammenhängen herausgerissen, mußten sie nun in ihren Gastländern Fuß fassen. Damit war natürlich auch eine Anpassung an die dort herrschenden Wissenschaftstraditionen, vor allem an den angelsächsischen Pragmatismus, verbunden. Dahmer (1983: 30) schreibt dazu: »Eine traumatisierte, in ihren hochfliegenden Hoffnungen enttäuschte Psychoanalytiker-Generation bemühte sich, die Mimikry an die Universitätsmedizin und -psychologie der Gastländer zuwege zu bringen.

Ihre Selbstbeschränkung auf Therapie, Ich- und Selbstpsychologie und Probleme der familialen Sozialisation hat ihr Achtungserfolge bei Persönlichkeitspsychologen und Mikrosoziologen, mitunter gar bei Theologen eingebracht.« Der kulturtheoretische Impetus war dahin. Die Psychoanalyse geriet, was ihr innovatives Potential betrifft, zusehends in die Defensive und wurde zur »eingeschüchterten Psychoanalyse«.

Diese um ihre kulturkritische Dimension verkürzte Lehre kam dann wieder zurück nach Europa und wurde vor allem in Deutschland rezipiert. Der Wiederaufbau der Psychoanalyse nach ihrer weitgehenden Vernichtung und Gleichschaltung während des Nationalsozialismus (vgl. R. Dräger 1971; H. M. Lohmann u. L. Rosenkötter 1982, 1983; I. Kaminer u. E. Brainin 1982; Cocks 1983; H. Dahmer 1983a; W. Bräutigam 1984) konnte nur unter besonderen Schwierigkeiten erfolgen. Den Pionieren der Psychoanalyse in Deutschland bot sich nach Ende des Zweiten Weltkriegs angesichts der totalen, vor allem auch moralischen Katastrophe eine Situation, wie sie für einen Neubeginn schlimmer nicht vorgestellt werden kann. Unter großen Opfern machten die deutschen Nachkriegsanalytiker ihre Ausbildung. Die Diskussionserfahrungen in der Deutschen Psychoanalytischen Vereinigung (DPV) während der letzten Jahre erweckten hinsichtlich des Themas »Psychoanalyse und Nationalsozialismus« nicht den Eindruck, daß die mit den abgewehrten traumatischen Anteilen nationaler Identität verbundenen unbewußten Schuld- und Schamgefühle bei der älteren und auch bei der jüngeren Generation der deutschen Psychoanalytiker ausreichend bearbeitet seien. Der von Alexander u. Margarete Mitscherlich (1967) für deutsche Verhältnisse erhobene Befund scheint auch hinsichtlich der Psychoanalytiker gültig zu sein. Der feine Hauch von etwas Totem und Starrem, der bei den Zusammenkünften der DPV in der Atmosphäre liegt, dürfte nicht nur eine allgemeine institutionelle, sondern auch eine dezidiert nationale Genese haben. Dieses Phänomen basiert auch auf der Spannung zwischen psychoanalytischer Identität – als Erben des Juden Sigmund Freud – und nationaler Identität, die sie vor allem auf unbewußter Ebene zu den Erben Hitlers macht. Beide Erbschaften sind nicht nur historische, sondern ebenso unmittelbar aktuelle psychologische Realitäten. Das bedeutet, daß die Psychoanalytiker in besonderer Weise die unheilvolle Seite nationaler Identität abwehren oder, was viel besser wäre, bearbeiten müssen, um Raum zu haben für die Entwicklung einer psychoanalytischen Identität. (Vgl. Vogt 1984) Diese kontradiktorischen Identifizierungen manifestieren sich u.a. als Unsicherheit,[10] die – um nur die wichtigsten Gesichtspunkte zu nennen – folgendermaßen abgewehrt werden kann: Durch besondere Überangepaßtheit und Beflissenheit gegenüber institutionellen Identitätsträgern, etwa gegenüber der Internationalen Psychoanalytischen Vereinigung (IPV); im Zusammenhang damit durch allgemeines Hinaufschrauben institutioneller Forderungen an psychoanalytische Ausbildungskandidaten und Mitglieder; durch eine besondere Idealisierung Freuds, die keinen Raum mehr läßt für konstruktive Kritik und damit für produktive Weiterentwicklung der Psychoanalyse; dazu kommt vielleicht auch noch eine besondere Unsicherheit, aus deutschen Denktraditionen zu schöpfen, die nicht der Stempel des Nationalsozialismus verunziert hat, und die auch den geistesgeschichtlichen Hintergrund für Freuds Werk bilden.

Bei einem zusammenfassenden Überblick über die drei Abschnitte dieses Buches scheinen sich die beiden Hauptthesen von Horkheimer und Adorno: »Schon der Mythos ist Aufklärung, und: Aufklärung schlägt in Mythologie zurück« (1947: 10) zu bestätigen. Der Ödipusmythos stellt sich schon in seinen griechischen Versionen als hoch elaboriert dar. Das Rätsel der Sphinx, das entsprechend der psychoanalytischen Interpretation Ödipus selbst und die Sphinx betrifft, beinhaltet das Aufklärungsmoment des Ödipusmythos. Es steht, wie die erkenntnistheoretische Deutung zeigt, an der Übergangsstelle vom Mythos zur Aufklärung. Ödipus und Teiresias werden so zu den Vorläufern der Weisen, Philosophen und Wissenschaftler. In der Art, wie Freud sich dem Unbewußten nähert, erweist er sich als mythischer Doppelgänger von Ödipus. Durch seine Selbstanalyse gibt er auf das Rätsel der Sphinx, d.h. des Unbewußten, eine neue Antwort und setzt damit den Ödipusmythos fort, indem er dessen schon den griechischen Versionen inhärenten selbstreflexiven Gehalt entfaltet. Freud nähert sich damit weit mehr als sein antiker Vorgänger der Forderung des delphischen Gottes: »Erkenne dich selbst!«

Die Freudsche Art der Selbsterkenntnis ist doppelpolig. Sie erscheint einerseits *individualpsychologisch* beim Psychoanalytiker und seinem Analysanden als vertiefte Erfahrung der eigenen Person, andererseits *sozialpsychologisch* als vertiefte Erkenntnis der konflikthaften und illusionären Beziehung zwischen dem Menschen und seiner von ihm geschaffenen Kultur. Diesen kulturkritischen Aspekt der Freudschen Psychologie enthält schon der Brief an Wilhelm Fließ vom 12. 12. 1897, wo Freud von den »endopsychischen Mythen« spricht. Damit werden alle Behauptungen hinfällig, die die Freudsche Theorie der Kultur als ein im Vergleich zu klinischen Zielsetzungen spätes, quasi sekundäres Phänomen betrachten. Obwohl Freuds Gesellschaftstheorie den Bogen – wie im ersten Abschnitt dargelegt – psychologistisch überspannt, bleibt sie auch deshalb bedeutsam, da sie beweist, daß die klinische Theorie und Praxis der Psychoanalyse nicht unabhängig von ihrem kulturellen Kontext konzipiert wurde. Im Lauf ihrer Entwicklung beschränkte sich die selbstreflexive Ausrichtung der Psychonanalyse immer mehr auf den individualpsychologisch-klinischen Bereich und ließ den gesellschaftlichen Kontext zunehmend außer Acht. Wenn wir die heutigen Werke zur Krankheitslehre der Psychoanalyse betrachten, fallen alle – was den gesellschaftskritischen Rahmen angeht – hinter die Konzeption von Otto Fenichel (1946) zurück. Der Rückzug der Psychoanalytiker auf den klinischen Bereich läßt sich als Abwehr gegen die Angst und Unsicherheit erregenden Seiten psychoanalytischer Kulturtheorie deuten. Dadurch beraubt sich die Psychoanalyse des kritischen Rahmens, der ihr eine wirkungsvollere Reflexion ihrer Institutionalisierung erlauben würde. Diese ist zwar einerseits zur Erhaltung, Weiterentwicklung und Tradierung der Psychoanalyse notwendig, andererseits steckt in ihr aber schon der Keim der Selbstzerstörung des aufklärerischen Impulses. Das äußert sich als Umkehrung der Zweck-Mittel-Relation. An die Stelle des emanzipativen Ziels tritt die Erhaltung der Institution und ihres hierarchischen Gefüges. Damit beginnt Aufklärung sich allmählich in ihr Gegenteil zu verkehren. Sie kann sich nicht als historische Erinnerung an die ein für alle Mal vollzogene Tat Freuds am Leben erhalten, sondern ist ein mühevoller unendlicher Prozeß. Sein Stagnieren durch die Institutionalisierung leitet eine rückläufige Bewegung ein. Die Psychoanalyse verfällt der Dialektik der Aufklärung. Damit verwandelt sie sich wieder regressiv in Mythologie. Die mythischen Kategorien: Kreislauf, Schicksal, Herrschaft, unabänderliche Notwendigkeit, kehren in versteckter Form wieder und erscheinen in der Pseudorationalität des Institutionalisierungsprozesses als unabänderliche Sachzwänge, denen der einzelne gegen sein besseres Wissen glaubt folgen zu müssen, als sterile Stereotypie sich wiederholender Abläufe und schließlich als sich selbst verabsolutierende Faktizität von Verhältnissen, deren Genese undurchschaubar bleiben soll. Es entsteht also eine neue Unbewußtheit, gegen die das Instrument der nur klinischen Psychoanalyse in entscheidender Weise stumpf bleibt.

So wie Ödipus in seiner Selbstblendung zuletzt doch noch dem Dunkel der Sphinx verfällt, beginnt neue Unbewußtheit die Tat Freuds zu verdunkeln. Die institutionalisierte Psychoanalyse wird allmählich und lautlos wieder zur Sphinx: undurchschaubar, untangierbar, kritisches Bewußtsein und Emanzipation verschlingend.

Es gibt dagegen keine Patentrezepte, da wir aus der Dialektik der Aufklärung nicht aussteigen und den Prozeß nicht umkehren können. Wenn es gelänge, die Psychoanalyse in ihrer ungeschmälerten Breite wieder zum Thema der Psychoanalytiker zu machen, Reflexivität im umfassenden Freudschen und über Freud hinausweisenden Sinn zu praktizieren, ließe sich der Sphinxcharakter der psychoanalytischen Institutionalisierung möglicherweise enträtseln, durchschaubar machen; zumindest würde die Unbewußtheit darüber aufgebrochen.

# Anmerkungen

*I*

1 Vom historischen Aspekt wäre es auch reizvoll, die Entwicklung und Ausformung der Ödipusdramen in der späteren europäischen Literatur zu analysieren, ausgehend von Seneca – Cäsars und Neros Tragödien von Ödipus sind nicht erhalten (Höfer 1915) – über Corneille, Voltaire, von Platen bis von Hofmannsthal. Der Vergleich dieser Dramen mit denen von Sophokles erweckt prima vista den Eindruck einer zunehmenden Verharmlosung und Entschärfung der ödipalen Thematik.

Wie aus diesen Überlegungen ersichtlich, verzichte ich auf eine Differenzierung zwischen dem sogenannten echten Mythos, der religiöse Qualität hat, im Unterschied zu literarischen und märchenhaften Motiven. Diese Bevorzugung des Thematischen vor dessen gesellschaftlicher Bewertung bringt zwar ein ahistorisches Moment in meine Abhandlung, doch ist das im Vergleich mit den Schwierigkeiten eines Abgrenzungskriteriums, das zwischen echtem und unechtem Mythos unterscheiden soll, das geringere Übel.

2 Es besteht eine zunehmende Konkurrenz zwischen Ödipus und Narziß sowohl hinsichtlich gesellschaftlicher Lebensformen, als auch damit zusammenhängender klinischer Phänomene. Vielleicht gehört dieser für einen Teilaspekt des Ödipusmythos unternommene Systematisierungsversuch schon zu einem Abgesang auf eine soziale (und klinische) Beziehungsstruktur, deren relative Bedeutsamkeit immer mehr abzubröckeln beginnt. (Vgl. A. Mitscherlich 1963) Nicht selten in der Geschichte der Wissenschaft steht die Lückenhaftigkeit einer Theorie im Zeichen ihres Florierens, während Beiträge zu ihrer Abrundung schon Symptome ihres Niedergangs sind.

3 Schon dieses frühe Beispiel läßt erkennen, wo Nietzsches Sympathien liegen. Seine ganze spätere Philosophie wird zu einer einzigen Beschwörung und Exegese des Dionysos, die sich zunehmend von dessen Gegenspieler Apollo abkoppelt und dadurch zur Propagierung eines triebhaften faschistoid-barbarischen Machtprinzips regrediert. Das aufklärende Denken (enthalten im Apollinischen) wendet sich voller Mißtrauen gegen sich selbst, paralysiert sich und kapituliert vor dem Machtanspruch eines entdifferenzierten Naturalismus. Ein antiker Grieche würde Nietzsches Schicksal unter mythischer Perspektive als ganz folgerichtig empfinden: Die meisten Menschen, die

mit Dionysos intensiv zu tun hatten, Feinde wie Anhänger, endeten im Wahnsinn.

Die Nationalsozialisten, die Nietzsche für sich in Anspruch nahmen, fanden sicher vieles, was ihnen entsprach, doch war es nur unter erheblichen Verleugnungen und Ausklammerungen möglich, ihn als ihren Philosophen zu feiern. Er war »kein germanischer Amokläufer gegen die mediterrane Kultur«. (Fink 1960)

4 H. E. Richter beschreibt in seinem Buch *Der Gotteskomplex* (1979) in detaillierter Weise die Auswirkungen, die »der Tod Gottes« und die Einnahme von dessen Platz durch den Menschen für die psychische Verfassung der Menschheit innerhalb des abendländischen Kulturkreises während der letzten Jahrhunderte hatte und für uns heute noch hat: »Das heißt, der einmal eingeleitete Prozeß der Ablösung aus der vollständigen Unmündigkeit und Passivität enthielt von vornherein die Tendenz zu seinem rasanten Umschlag ins Gegenteil, in die *Identifizierung mit der göttlichen Allwissenheit und Allmacht.* Und tatsächlich trägt die folgende Entwicklung viele Züge des von der Psychoanalyse beschriebenen Reaktionsmusters der Flucht aus narzißtischer Ohnmacht in die narzißtische Omnipotenz. Die Radikalität dieses Umschlags wird nur dadurch verschleiert, daß man alle Versuche, sich durch Identifizierung die göttliche Omnipotenz einzuverleiben, mit immer neuen rationalisierenden Theorien leugnet.« (Ebd.: 23) Das Resultat dieses gestörten Selbstgefühls ist die in unserer Zivilisation weitverbreitete Unfähigkeit, bei sich Schwäche zu akzeptieren und zu leiden. Damit einhergehen Ersatzsymptome, Ersatzbefriedigungen, Abwehr durch Versachlichung, Sozialtechnik oder stoischer Heroismus. Die Analyse Richters ist trotz der bei seinem klinischen Ansatz nur schwer zu vermeidenden Nivellierungen europäischer Geistesgeschichte erhellend und folgerichtig. Im Unterschied zu der kulturphilosophischen Betrachtungsebene von Horkheimer und Adorno ist die Richters ausschließlich psychoanalytisch-sozialpsychologisch, daher ist das von ihm sondierte Terrain enger, dafür aber von unmittelbarer aktueller Konkretheit.

5 In der Schilderung Homers erscheint er in diesem Moment, als er die Freier alle erschlagen hat und seine alte Amme in die Halle tritt, auch prompt als ein Stück grandioser, unerbittlicher Natur: »Und nun fand sie umgeben von totgeschlagenen Menschen / Blutübergossen Odysseus; es war ihr, als sei er ein Löwe, / Wenn er vom Fraß eines Rindes draußen im Felde daherkommt. / Alles ist blutig an ihm, die Seiten, die Brust und die Lefzen. / Schrecklich erscheint er dem, der ihn leibhaft erblickt, und gradso / Blutübergossen an Füßen und Händen war auch Odysseus.« (*Odyssee* XXII: 402-407)

6 Klaus Heinrich entwickelt in seinem Buch *Parmenides und Jona* (1982) Gedanken, die diese historische Ableitung der formalen Aspekte deduktiver Logik in interessanter Weise ergänzen: »Die Funktion der Genealogie und die dem genealogischen Verfahren innewohnenden Konflikte treten deutlich hervor noch in der rationalisiertesten Form der Genealogie, dem System der deduktiven Logik. Dort beruht die Schlüssigkeit des deduktiven Schlusses auf der Rückführung des Einzelnen durch das jeweils Besondere auf das Allgemeine. Die Macht der Ursprünge erhält sich durch die Kette der Genera, der Geschlechter hindurch. Bezeichnenderweise nennen wir bei der Charakterisierung eines derartigen Schlusses zugleich den Preis, der für die Identifizierung des Einzelnen geleistet wird. Wir nennen nämlich einen solchen Schluß ›zwingend‹, und die Doppeldeutigkeit der Herleitung vom Ursprung: seine das Individuum erhaltende und zugleich dessen Individualität unterbrückende Qualität, ist in jedem derartigen Schluß sichtbar. Selbstverständlich ist die griechische Logik, wie jede Logik, ein entdämonisierendes Unternehmen. Aber der Kern dieser Logik ist die Genealogie, und das heißt: sie ruht auf einer ursprungsmythischen Geisteslage.« (Ebd.: 20)

7 Trotz der einschränkenden Worte von Habermas hat die *Dialektik der Aufklärung* einen Zug visionärer Hellsichtigkeit, die sich gerade an ihrem durchdringendsten Punkt dem fatalistischen Schatten mythischer Ausweglosigkeit nur noch mit Mühe entwindet. Wenn wir unsere heutige Situation betrachten, liest sich diese vor vierzig Jahren verfaßte Schrift stellenweise wie eine Prophezeiung von Zuständen, deren zunehmende Realisierung uns in beklemmender Weise auf den Leib rückt. Der mangelnde selbstreflexive Bezug auf die dem Fortschritt gegenläufige Tendenz führt dazu, daß diese unter dem Deckmantel ihrer Nichtbeachtung an Stärke zunimmt und beginnt, jede Intention in ihr Gegenteil zu verkehren. Die in ihrem Ausmaß kaum mehr vorstellbare Beherrschung der Natur produziert eine Art wachsender Naturabhängigkeit, die wir nun auch in ihrer konkreten Erscheinungsform erfahren. Wenn auch nur die Hälfte der gegenwärtigen ökologischen Prognosen zutrifft, gehen wir einer ökologischen Krise von beängstigendem Ausmaß entgegen. Es könnte sein, daß wir in eine Naturabhängigkeit geraten, wie es sie seit der Eiszeit für den Menschen nicht mehr gegeben hat. Ebenso droht die sich überschlagende Hektik angeblich zur Selbstverteidigung notwendiger Aufrüstung in programmierte Selbstvernichtung umzuschlagen.

H. E. Richter hat in seiner aufrüttelnden »paradoxen Intervention« (*Alle reden vom Frieden*, 1981) in eindringlicher und plastischer Weise die ungeheure Irrationalität der »instrumentellen Vernunft« dargestellt.

8 Blumenberg zeigt diesen Prozeß sehr ausführlich an den historischen Wandlungen des Prometheusmythos von Aischylos bis Gide, wo sich der Mythos zur Groteske deformiert, indem Prometheus für seine Freunde ein Gastmahl gibt und ihnen den Adler, der sich an seinem Bewußtsein gemästet hat, als Braten vorsetzt.

9 Wie weitverzweigt und komplex der mit der Symbolfrage verbundene klinische und kulturelle Bereich ist, hat Lorenzer in seinen Arbeiten (1970a, 1970b, 1974, 1981) gezeigt. Allerdings bin ich nicht der Meinung, das sein sprachtheoretischer Ansatz die Schwierigkeiten des Symbolproblems zufriedenstellend löst. An Stelle des von Freud mit guten Gründen demonstrierten quantitativen Unterschieds zwischen Neurose und psychischer Gesundheit führt Lorenzer einen psychoanalytisch nicht begründbaren qualitativen Unterschied ein durch eine Trennung von Symbol- und Symptombildung in qualitativ verschiedene Prozesse. (Vgl. K. Brede 1976; E. Moersch 1976; K. Menne 1976)

10 Freuds früher Brückenschlag vom Traum zum Mythos über eine kollektive Symbolik, »die dem Traum nicht zu eigen« (1900: 356) angehört, sondern von ihm nur benutzt wird, ist auch heute noch durchaus beachtenswert. Jeder, der als Psychoanalytiker arbeitet oder/und sich mit Kulturgeschichte befaßt, wird es schwer haben, die Richtigkeit dieser klinisch-empirischen Feststellung zu bezweifeln, welche durch die ausgedehnten Forschungen von Lévi-Strauss unterstützt werden. Obwohl Freuds Vermutungen über die Ursprünge dieser Symbolik damals schon eine phylogenetische Entstehung anpeilen, weist er doch darauf hin, der Träumer werde »sich für jenes Symbol entscheiden, das überdies noch Sachbeziehungen in seinem sonstigen Gedankenmaterial aufweist, also eine individuelle Motivierung neben der typisch gültigen gestattet«. (1900: 357)
So wenig Gültigkeit der phylogenetischen Hypothese Freuds bei der Erklärung der kollektiven Symbolik auch zukommen mag und so wichtig und richtig die Betonung der »individuellen Motivierung« durch Gesellschaftlichkeit und Sprache (K. Brede 1976; Lorenzer 1981) auch bei dem symbolischen Ausdruck triebnaher Prozesse ist, darf dabei doch nicht die Kollektivität und Konstanz stiftende Qualität der biologischen Basis unterbewertet werden, wozu soziologisch orientierte Autoren leicht neigen. Die Gleichförmigkeit der menschlichen Anatomie und Physiologie, Zeugung, Schwangerschaft, Geburt, Reifung, Generationsfolge und Tod werden nicht von der Gesellschaft hervorgebracht, sondern entsprechend ihren spezifischen Bedingungen in variantenreicher Vielfalt geprägt. Diese körperlichen Verhältnisse dürften sich als ein »widerständiges Moment« gegen die Variabilität möglicher gesellschaftlich-indivi-

dueller Bedeutungsverleihung auswirken und den allgemeinen, die Besonderheit verschiedener Gesellschaften und Zeitepochen übersteigenden typischen Bedeutungskern kollektiver Symbolik zu einem wesentlichen Teil mitbestimmen. (Vgl. Jones 1919, 1922) Es mögen auch Gleichförmigkeiten der Sozialisation dazu beitragen, und, was die Ähnlichkeit der Mythen aus den verschiedensten Völkern und Zeiten angeht, auch die Auslese über Zehntausende von Jahren (vgl. Blumenberg 1979), so daß uns nur noch eine relativ geringe Anzahl von inhaltlich wirklich verschiedenen Mythen überliefert ist, welche durch ihre besonders verdichtete Aufladung mit den allgemein bedeutsamen Themen menschlicher Existenz überlebt haben. Die auf der kollektiven Bedeutung allgemeiner Symbolik basierenden Interpretationen von Freud, Abraham, Reik, Rank, Jones, Róheim halte ich im Prinzip für richtig, sie sind aber unhistorisch, wie Schmid-Noerr (1982) mit Recht kritisiert. Deshalb bleiben diese Deutungen auf einem relativ unspezifischen Niveau. Aus methodischen Gründen ist es gerechtfertigt, Konstanzannahmen grundsätzlich unter Ideologieverdacht zu stellen und nach der verdeckten historischen Genese eines Phänomens zu suchen. Bezogen auf die klinische Psychoanalyse heißt das, daß der Analytiker seine Aufmerksamkeit bis zuletzt darauf richten muß, jeden symbolischen Inhalt in der Lebensgeschichte seines Patienten zu verankern und nicht in der Zeitlosigkeit eines Archetyps. Trotzdem scheint es – wie Freud es in der *Traumdeutung* beschreibt, Jones (1919, 1922) es bestätigt und die tägliche psychoanalytische Praxis zeigt – Symbole zu geben, die gleichzeitig neben einem persönlichen Bedeutungsaspekt relativ konstante überindividuelle und transkulturelle Sinnbezüge aufweisen. Aus diesen Gründen stimme ich zwar der Kritik an der unhistorischen Vorgehensweise z.B. auch von Lévi-Strauss zu, halte aber seine Ergebnisse trotzdem nicht für reine Artefakte. Seine tatsächlich durchgeführten Analysen, wie er sie in den *Mythologiques* (*Mythologica* 1964 - 1971) dargestellt hat, sind um einiges differenzierter als die Demonstration seiner Methode am Ödipusmythos (1958).

11 Trotz der ungewöhnlichen Schwankungen, denen diese Untersuchung hinsichtlich ihrer psychoanalytischen Substanz unterliegt, sind die entwickelten Gesichtspunkte doch bedeutsam, da sie eine Dimension theoretisch erhellen, die zwar in der psychoanalytischen Praxis eine sehr wichtige Rolle spielt, aber in der klinischen Theorie unterrepräsentiert ist.

1 In der psychoanalytischen Deutungspraxis spielt die vorgenommene theoretische Unterscheidung zwischen Traum und Tagtraum eine unwesentliche Rolle, denn auch im Traum haben wir es oft mit komplizierten Denkstrukturen zu tun, die nicht durch die Traumarbeit entstanden sind, sondern Reproduktionen bewußter oder vorbewußter intellektueller Vorgänge darstellen, die sich vor dem Traum abgespielt haben. Die Unterscheidung zwischen Traum und Tagtraum als Paradigma für den Mythos ist nur in erkenntnistheoretischer Hinsicht von Relevanz, da dadurch die These, der Mythos sei selbst schon ein Produkt des Logos, eine genaue psychologische Entsprechung hat.

2 Griechenland, uns scheinbar so vertraut, vervielfältigt in unendlicher Reproduktion, verschwindet hinter der geglätteten Schale idealisierender Bildungstradition. Wir erweisen ihm kollektive Reverenz, haben vielleicht auch seine Einbettung in institutionelle Zwänge der Gymnasialzeit bewältigt, haben möglicherweise sogar eine Art von Enthusiasmus entwickelt, die sich des kulturellen Erbes sicher glaubt, und da passiert uns eines Tages etwas Überraschendes: Vielleicht geschieht es uns bei einem Museumsbesuch an einem stillen Morgen. Wir geraten ahnungslos in ein Seitenzimmer und plötzlich trifft es uns wie ein Stoß vor die Brust. Sprachlos und erstaunt stehen wir vor einer griechischen Plastik. Das, was uns so bekannt und vertraut schien, zeigt unvermittelt ein abgrundtief fremdes Gesicht, das dem Betrachter in paradoxer Weise gleichzeitig in dem Maß zum Rätsel wird, wie es sich ihm öffnet. Wir sehen auf einmal etwas, was wir so oft angeschaut und doch nie wirklich wahrgenommen haben: jene nicht beschreibbare schwebende Balance von Sinnlichkeit und Geist, die plötzlich die Wahrheit von Rilkes Satz enthüllt: »Denn das Schöne ist nichts als des Schrecklichen Anfang, den wir noch grade ertragen, und wir bewundern es so, weil es gelassen verschmäht, uns zu zerstören.« (Erste Duineser Elegie)

Überrascht beginnen wir bis in die Fingerspitzen als lebendige Präsenz zu spüren, was bisher tote Überlieferung war. Die Verse Homers lösen sich aus ihrer Distanz und bekommen einen neuen Klang. Die Trauer der europäischen Dichter rückt aus metaphorischer Ferne, wird hautnah und realisiert jenseits von vergangenheitsbezogener Idealisierung den Verlust einer Lebensform, deren Ausstrahlung auch heute noch nicht erloschen ist. Dieses Griechenland begegnet uns wieder in der Darstellung des jungen Nietzsche (1871). Klar und unverwechselbar durchbricht es in Gestalt von Dionysos und Apollo die Fassade von ästhetisierender »Artistenmetaphysik«, romantisierendem Schwulst und hypertropher Wagnerverehrung, um später in der dissonanten Gestalt Zarathustras nochmals das ganze Ausmaß der Kluft zwischen dem alten Hellas und dem Besitzanspruch eines durch Christentum und Aufklärung geprägten Bewußtseins aufleuchten zu lassen. Authentisch trotz aller Idealisierungen erscheint die griechische Welt auch im Werk von W. F. Otto (1955, 1960, 1961), in den behutsamen Darlegungen K. Kerényis (1951, 1958, 1966, 1967, 1969, 1971), in der lateinischen Prägnanz G. Collis (1980, 1981) und schließlich in der tiefen Vergegenwärtigung der Gedichte Hölderlins, welche die Annäherungen von Winckelmann, Goethe und Schiller als peripher erscheinen lassen.

3 Demisch zeigt in seinem Buch über die Sphinx (1977), daß die künstlerische (und sicher auch die wissenschaftliche) Bearbeitung des Sphinxmotivs nahezu ausschließlich eine Angelegenheit der Männer ist. Das gilt nicht nur für das antike Griechenland, sondern ebenso auch für unsere Zeit. Die Sphinx als »Männerphantasie« verweist auf die Dominanz ihrer ödipalen Bedeutung. Schulte hat das in seinem Buch: *Ich impfe euch mit dem Wahnsinn* (1982) am Beispiel Nietzsches in vielfacettiger Weise herausgearbeitet. Ihre prägenitalen Züge als verschlingende Mutter betreffen Ängste beider Geschlechter.

In dem folgenden, kurz nach 1900 geschriebenen Gedicht von Else Lasker-Schüler (zit. nach Demisch 1977: 197) wird zum ersten Mal das Sphinxmotiv von einer Frau behandelt:

»Sie sitzt an meinem Bette in der Abendzeit
Und meine Seele tut nach ihrem Willen,
Und in dem Dämmerscheine, traumesstillen,
Engen wie Fäden dünn sich ihre Glanzpupillen
Und ihrer Sinne schläfrige Geschmeidigkeit.

Und auf dem Nebenbette an den Leinennähten
Knistern die Spitzenranken von Narzissen,
Und ihre Hände dehnen breit sich nach den Kissen,
Auf dem noch Träume blühn aus seinen Küssen,
Herzsüßer Duft auf weißen Beeten.

Und lächelnd taucht die Mondfrau in die Wolkenwellen
Und meine bleichen, leidenden Psychen
Erstarken neu im Kampf mit Widersprüchen.«

Anders als in der durch eine extreme Spannung von Liebe und Tod bestimmten Atmosphäre der Männer dominiert in diesem Gedicht eine entspannte Dämmerstimmung, in der die Sphinx am Bett der Heldin sitzt wie eine Gestalt gewordene Erinnerung an ihre Vereinigung mit dem Geliebten. Die Sphinx verbreitet nicht Faszination und Bedrohung, sondern »Stärkung im Kampf mit Widersprüchen«, als sei sie selbst Ausdruck der Einheit beider widerstreitender »Psychen« in der Brust der Heldin.

4 Reiks Vorwurf an Jung (1920), seine Deutung der Sphinx sei anagogisch, ist nur zum Teil richtig. Jungs Beschreibung zielt auf die Aufspaltung des Mutterbildes in gut und böse, das damals den Psychoanalytikern in so dezidierter Weise noch nicht geläufig war. Aus Gründen der Objektivität ist anzuerkennen, daß Jung hinsichtlich der Mutterbeziehung schon früh Theorien hatte, die in ähnlicher Weise innerhalb der Psychoanalyse erst Jahrzehnte später von M. Klein, M. Mahler und H. Kohut formuliert wurden. Leider verlieren seine an klinischer Arbeit und Mythologiestudium entwickelten Befunde viel von ihrem Wert durch ihre Einkleidung in eine triebabwehrende, platonisierend-mystifizierende Theorie, die Geschichte, wenn überhaupt, nur als zu vernachlässigendes Epiphänomen betrachten kann. Diese Gefahr ist – wie im ersten Teil dieser Arbeit dargelegt – auch in der Psychoanalyse noch nicht ausreichend überwunden. Die Behauptung Jungs (C. G. Jung / A. Jaffé 1961), er sei der einzige von Freuds Schülern, der dessen phylogenetische Theorie der »Urphantasie« aufgegriffen und weiterentwickelt habe, ist zweifellos zutreffend. Nur ist dieser Aspekt einer der fragwürdigsten des Freudschen Erbes.

5 Daß Apollo der »eigentliche Licht- und Sonnengott« ist, geht schon aus seinen Beinamen hervor: Lykeios, Phoibos, Aigletes (der Leuchtende); Chrysokomas (der Goldhaarige); Epopsios (der Weitsehende); Eoios, Enauros (der Gott des Sonnenaufgangs). Er ist der Inbegriff des olympischen Gottes. Seine Funktionen umfassen einen großen Bereich des menschlichen Lebens: Er ist der Gott der Jahreszeiten, der Orakel, der Musik und Dichtkunst, des Krieges, des Schutzes von Stämmen und Städten, der Kolonisation, der Sühne und Reinigung, und schließlich ist er das Ideal der männlichen Jugend. (Roscher 1897: 422-442)

6 Darin wird deutlich, wie sehr die Eltern die Konflikte ihrer Kinder durch ihre eigenen unbewußten Probleme vorwegnehmen und strukturieren. Freuds weitgehende Verwerfung seiner frühen Verführungshypothese ist in diesem Ausmaß nicht gerechtfertigt, wie Devereux (1951) am Ödipusmythos zeigt und H. E. Richter (1963) für die klinische Theorie. Auch Winnicotts Feststellung (1958), daß der Haß der Mutter gegen das Kind dem des Kindes gegen sie vorausgeht, gehört in diesen Rahmen. Ein wesentlicher Grund dafür ist die »erbarmungslose Beziehung« des Kindes zur Mutter, was noch nicht als Aggression des Kindes zu verstehen ist. Alice Millers Auffassung (1981), daß reale Verführungserlebnisse weit häufiger seien als gemeinhin anerkannt, beschreibt zwar eine (klinische) Realität, verliert aber durch ihren Totalanspruch und die damit verbundene

Entwertung der Phantasien und des Triebaspekts ihren kritischen Impuls und sinkt ab ins Affirmative.

7 Die Selbstblendung des Ödipus unmittelbar nach der Entdeckung des Inzests bedeutet nicht nur, wie beschrieben, eine Kastration, sondern repräsentiert auch eine Todessymbolik (Licht = Leben; Dunkelheit = Tod), die mit regressiven, intrauterinen Bildern verbunden ist. So stellt Ödipus im Drama von Sophokles (*König Ödipus*) folgende Forderungen an den Chor (Vers 1410-1413): »Drum bei den Göttern bergt mich schleunigst irgendwo / da draußen oder tötet oder werft hinaus / ins Meer mich, wo ihr nie mich wiedersehen könnt!« In den *Phönikerinnen* von Euripides bezeichnet sich der blinde Ödipus selbst als einen Toten. Sein Einbrechen kurz vor seinem Tod in den heiligen Bezirk der mit Gaia verbundenen mütterlichen Rachegöttinnen Erynien und der Vollzug seines Todes als Aufnahme in eine Erdspalte (vgl. Parallele zum Sonnenuntergang, Erdspalte als mütterliches Genitale) bei lebendigem Leibe ist wohl der symbolische Ausdruck von Zusammenfallen des Inzests (Einbruch in den heiligen Bezirk, vgl. Kanzer 1951; Aufnahme bei lebendigem Leibe) mit dem Tod.

8 Diese Tendenz wird sehr deutlich in der Antwort des thebanischen Sehers Teiresias, der sieben Jahre lang eine Frau gewesen war und die Art der männlichen und weiblichen Liebesempfindungen kannte, auf die Frage von Zeus und Hera, ob die Frauen oder Männer mehr von der Liebe hätten. Teiresias erwiderte: »Nur einen von zehn Teilen genießt der Mann, die zehn erfüllt die Frau, sich in der Seele freuend.« (Kerényi 1958: 115)

9 Erich Fromm nimmt in seiner Interpretation sehr dezidiert Bezug auf J. J. Bachofens Werk *Das Mutterrecht* (1861). Unbeirrt von der sehr heterogenen Rezeption dieses Buches von Bachofen (vgl. H. J. Heinrichs 1975) in der wissenschaftlichen Welt, tendiert E. Fromm zu einer weitgehenden und unkritischen Annahme von Bachofens Hypothesen über das Mutterrecht. Das geht so weit, daß E. Fromm sogar im Sophoklesdrama *König Ödipus*, einem Produkt der athenischen Hochblüte patriarchalischer Kultur, ernsthaft glaubt, jeden rebellischen Impuls von Ödipus gegen Laios im Sinn der matriarchalischen Ausrichtung des Ödipus deuten zu können.

10 M. Frank stellt in seinem sehr interessanten und breit fundierten Buch *Der kommende Gott. Vorlesungen über die neue Mythologie* (1982) eine Synthese unter der Ägide des Dionysos vor. Dabei kann er nachweisen, wie sehr Nietzsches Begriffe des Apollinischen und Dionysischen schon in der Philosophie Schellings vorgeprägt sind.

11 Obwohl ich diese Sichtweise, die damit zusammenhängt, daß ich mit guten psychoanalytischen Gründen Ödipus zum Punkt der Synthesis

gemacht habe, für legitim halte, möchte ich doch die Begrenztheit dieser Perspektive betonen.

Teiresias ist eine große autochthone Gestalt der griechischen Mythologie von archaischen Konturen, die nicht in einem Selbstanteil von Ödipus aufgeht. Klar, kompromißlos und unkorrumpierbar durch institutionelle Macht verkündet er die von ihm erkannte Wahrheit. An ihm scheitern sowohl die Drohungen von Ödipus (Sophokles, *König Ödipus*) als auch die von Kreon. (Sophokles, *Antigone*; Euripides, *Phönikerinnen*) Er lebt im Einklang mit und geführt von seiner Erkenntnis. Ödipus ist in diesem Punkt anders. Obwohl er, begierig seine Lebensgeschichte zu erfahren, seine Nachforschungen unerbittlich gegen sich und Jokaste vorantreibt, wird er durch sein Wissen nicht verändert. Nähmen wir Freuds in einem begrenzten Rahmen berechtigten Vergleich des *König Ödipus* von Sophokles mit dem Prozeß einer Analyse allzu sehr für bare Münze, schützte uns nichts mehr vor einem totalen therapeutischen Pessimismus. Ödipus lernt nichts aus seinem Schicksal. Das, was er selbst erfahren hat, wiederholt sich ungebrochen in seinem Verhältnis zu seinen Kindern. Von einer Läuterung des alten »Ödipus auf Kolonos«, wie sie z.B. E. Bloch (1959) zu erkennen glaubt, ist nichts zu spüren. Er benutzt seine Tochter Antigone nur für seine Zwecke und verflucht seine beiden Söhne, sie sollten sich das Land »mit dem Eisen teilen« und einer solle durch den anderen umkommen.

12 Vgl. die Parallelen zum Dreiweg am Kithairon (bzw. Phokis), den Abraham (1909) als Genitale der Mutter (Jokaste) deutete und an dem Ödipus seinen Vater Laios tötete. Außerdem wurde Ödipus hier ausgesetzt und von dem korinthischen Hirten gefunden. Im Kithairon ist auch ein Heiligtum der Göttermutter Hera, so daß die Erlebnisse des Teiresias im Kithairon von Anfang an einen Bezug zu Hera haben.

13 Teiresias stammt als Nachkomme eines Sparten letztlich von der Schlange ab, welche Kadmos vor der Gründung Thebens tötete. Außerdem verwandelten sich Kadmos und seine Frau Harmonia in Schlangen und verschwanden in der Unterwelt. (Kerényi 1958) Die Auffassung der sich paarenden Schlangen als Urszenensymbolik ist also gut begründet.

14 Im Vergleich zu Ödipus scheint bei Teiresias die homosexuelle Komponente stärker ausgeprägt zu sein: Die Strafe geht mehr von der Mutter aus, während der Vater eine positive und unterstützende Funktion hat; außerdem gibt es keinen mythologischen Bericht, der Teiresias in einer liebenden Beziehung zu einer Frau darstellt. Seine Tochter Manto erweckt den Eindruck einer Allegorie (narzißtische Projektion von Teiresias), abgeleitet von mantis (= der Seher). Teiresias ist ganz an seinen Dienst für Apollo hingegeben.

15 Bei Teiresias erscheinen die Eltern symbolisch als Schlangen und Götter, bei Ödipus zunächst auch symbolisch – wie dargelegt – in der Sphinx und real, als sich Jokaste nach dem Offenbarwerden von Vatermord und Inzest in ihr Schlafzimmer zurückzieht, dort den toten Laios anruft und Ödipus voll Schmerz und Wut vor der verschlossenen Tür steht. (Sophokles, *König Ödipus*)

16 Thomas Leithäuser stellt in einem Vortrag »Psychische Widerstände und moralische Probleme in der Arbeit von Ingenieuren« (1985) die Auffassung Ernst Blochs über die Beziehung Technik-Natur derjenigen von Sigmund Freud gegenüber. Bloch sieht, »in der objektiven Tendenz der Utopie gedacht«, die Möglichkeit einer nicht durch List (Mimesis) und Gewalt bestimmten Beziehung des Menschen zur Natur, wie sie das Wesen der heutigen Technik noch ausmacht. Damit würde aus einer gewalttätigen Konfrontation eine Kooperation, eine »Allianztechnik. ... eine mit der ›Mitproduktivität der Natur vermittelte‹, eine Technik, die die Kräfte einer gefrorenen Natur erneut freisetzt«. (Ebd.: 3) In Freuds Theorie gibt es in dieser Weise keine Versöhnung zwischen Mensch und Natur. Demnach ist die Gewaltsamkeit der Beziehung zwischen beiden unaufhebbar und erhält nur über eine projektive Anthropomorphisierung der Natur durch den Menschen eine illusionäre Abmilderung, wodurch die Unheimlichkeit reduziert wird.

## *III*

1 Das erste Kapitel von Marthe Roberts vorzüglichem Buch *Sigmund Freud – zwischen Moses und Ödipus* (1977) trägt den treffenden Titel: »Ödipus Freud, der Sohn Jakobs«. Wie aus der bereits zitierten Stelle des Briefs an Fließ vom 27.10.1897 hervorgeht, wo Freud die ödipalen Gefühle »für ein allgemeines Ereignis früher Kindheit« hält, nennt er im gleichen Atemzug indirekt auch Moses, indem er darauf hinweist, daß es ähnlich sei beim »Abkunftsroman der Paranoia – Heroen, Religionsstifter«. Mit dem »Abkunftsroman« des Religionsstifters Moses befaßt sich Freud intensiv in den letzten Lebensjahren.

2 Manfred Pohlen versucht in seinem Aufsatz »Psychoanalyse als Mantik« (1984), dem Zusammenhang zwischen der antiken griechischen Mantik und Psychoanalyse nachzuspüren. Er geht dabei von dem Motto aus: »Entmythologisierung der Psychoanalyse ist ihre Rückführung auf den Freudschen Mythos.« (1984: 125)
Der »Freudsche Privat-Mythos« wird dann spezifiziert in Freud als »Seher«, der »seine Lehre auf die Traumdeutung gründete; auf die divinatorische, die Zukunft verkündende Kraft des Traumes«. (1984:

139) Damit wird Freud zu Teiresias und dementsprechend eine »Rückführung der Psychoanalyse auf ihre mantische Tradition« und ihre Einsetzung in »kündend-weisende Rede« das Gebot der Stunde. Der andere Anteil des Freudschen Privat-Mythos sind Freuds unerkannte Übertragungen auf seine Patienten. Im Anschluß an Lacan, demzufolge das Unbewußte der Diskurs des anderen ist, werden die Äußerungen von Freuds Analysanden zum Reflex auf das Freudsche Begehren. Pohlen folgert daraus: »In der *Traumdeutung* hat Freud seinen Privat-Mythos gedichtet: es ist die Geschichte seines Begehrens, die zur Geschichte des Begehrens als Sexualtheorie wurde ... Freud hat die psychoanalytische Methode als eine metaphorierende entfaltet, auch wenn er dies nicht gewußt hat; aber seine Epigonen müßten heute analysieren, in welcher Weise sie ›blinde‹ Übertragungsopfer auf das persönliche und wissenschaftliche ›corpus‹ Freuds sind. Sie exekutieren als Schriftgelehrte die ›Traumtheorie‹ wie ein wissenschaftliches Gesetzeswerk, ohne zu sehen, daß Freud in diesem ›Werk‹ sich in der Übertragung auf seine Analysanden selbst als Mythos erzeugt hat: als Mythos der gedichteten Geschichte seines Begehrens. Es ist die Freudsche Triebmythologie, die von der Psychoanalyse als Bewegung verwaltet wird.« (1984: 140f.)

Pohlens Aufsatz beinhaltet eine bewußt intendierte Remythologisierung der Psychoanalyse, die aber nicht zum methodisch ausdifferenzierten Mittel einer in dem Motto angekündigten Entmythologisierung wird. Die ständig beschworene »metaphorierende Rede« des Unbewußten und des Mythos prägt den Stil dieser Abhandlung, dessen Farbe und verdichtete Bilder dazu tendieren, den Leser in rauschhafte Faszination zu bannen und ihm den schmucklosen Gebrauch seiner kritischen Vernunft wie ein Sakrileg erscheinen zu lassen. Ich verstehe Pohlens Aufsatz als einen romantisierenden Versuch, aus der Dialektik der Aufklärung auszusteigen durch Eintauchen in die Zeit- und Geschichtslosigkeit des Mythos. Die Absicht, den unaufhebbaren Konflikt zwischen den beiden antagonistischen Grundkräften der Kultur, Mythos und Logos, so zu lösen, ist regressiv. Freuds historische Tat, seine Selbstanalyse, die den immanenten Logos des Ödipusmythos (die Rätsellösung) als Selbstreflexion zur Entfaltung brachte, soll rückgängig gemacht werden. Der Psychoanalytiker, ein Aufklärer, der emphatisch und kritisch am therapeutischen Prozeß teilnimmt und gelernt hat, den Gefahren der Aufblähung seiner Person durch das Unbewußte selbstreflexiv zu begegnen, soll sich wieder – unter Mißachtung von 2500 Jahren Geschichte – zurückverwandeln in den Seher und Auguren, dessen Rede kündend und weisend ist. Der Psychoanalytiker als Priester und Guru, das ist starker Tobak.

Wie Birgit Volmerg in ihrer Buchbesprechung (1984: 165) zu Recht kritisiert, verfolgt Manfred Pohlen damit das »Programm der Gegenaufklärung«, die an Stelle von Individuation ekstatische Seinserfahrung zu ihrem Inhalt macht. Dionysos läßt grüßen. Wohin es führt, wenn er allein das Zepter schwingt ohne seinen Gegenspieler Apoll, ist an der Entwicklung der Philosophie Nietzsches und den Konsequenzen, die Ludwig Klages (*Der Geist als Widersacher der Seele*, 1929) daraus zog, gut abzulesen. Die Tatsache, daß Nietzsche zum Hausphilosophen der Nationalsozialisten avancierte, die den germanischen Mythos aus der Mottenkiste deutscher Geschichte wiederbelebten und entsprechend dessen Kernaussage eine Götterdämmerung im großen Maßstab inszenierten, beruht nur partiell auf einem Mißverständnis. Dagegen führt ein Alleinvertretungsanspruch Apollos zu einer formalistischen Erstarrung. Daß Pohlen sich gegen diese wehrt, indem er sich den griechischen Ursprüngen zuwendet, wo potentiell noch eine Balance zwischen Apollo und Dionysos vorhanden ist, macht das kritische Anliegen seines Unternehmens aus. Leider folgt auf den Schritt zurück keiner mehr nach vorne. Das, was ich zentral an Pohlens Position zu kritisieren habe, ist eine Gleichsetzung des *Logos* mit der herrschenden, d.h. der *instrumentellen Vernunft*, wie sie sich auch in der Psychoanalyse als Institution ausdrückt. Die Erscheinungsform der instrumentellen Vernunft (in der institutionalisierten Psychoanalyse) ist die Umkehrung der Zweck-Mittel-Relation, d.h. daß die Institutionalisierung, die als Mittel zu einem Zweck, nämlich der Weiterentwicklung der Psychonanalyse, dienen soll, zum Selbstzweck wird. Damit verschwindet das ursprüngliche Ziel, was die lineare Anfangsbewegung zu einer Kreisbewegung macht, d.h. zu einer unschöpferischen Wiederholung des Gleichen und einer Tendenz zu lebloser und letztlich auswegloser Erstarrung. Genau diesen Zusammenhang meint Pohlen, wenn er in einer Anmerkung (1984: 156) über die Verschulung der psychoanalytischen Ausbildung davon spricht, daß weder die Lehranalytiker noch die Kandidaten die »Fähigkeit ... zur Ekstase« und »zum Verlassen der Regionen gezähmten Lebens« haben dürften. Das führt ihn zu dem Schluß: »Die Analyse kann dann nur noch die Besiegelung des ohnehin besiegelten, d.h. begrabenen Lebens sein«. Diese Ausweglosigkeit der zur instrumentellen Vernunft degenerierten Aufklärung kann sich ihrem Wesen nach nicht auf dem remythologisierten Betrachtungsniveau Pohlens ändern, da die instrumentelle Vernunft die mythischen Verhältnisse in versteckter Weise nur wiederholt, sie aber ebensowenig transzendiert wie sie vom Mythos transzendiert wird. Pohlen bleibt deshalb mit dem Kreislauf und der ausweglosen Notwendigkeit, die auf mythischer Ebene die Gestalt des Todes hat, konfrontiert. Seine

Lösung, einen Mythos durch einen anderen zu ersetzen, führt nicht weiter, sie bestätigt nur den Kreislauf und erschöpft sich – fasziniert vom Tod – in einer Haltung stolzer Resignation, die in heroischem Stoizismus das unabänderliche Schicksal sehenden Auges auf sich nimmt. Wenn es überhaupt eine Möglichkeit gibt, dem Vorgriff des Todes auf das Leben, der sich in der institutionellen Erstarrung lebendiger Abläufe ereignet, zu begegnen, ist es der von Pohlen zu wenig beachtete Anteil des Logos, die Radikalität kritischer Vernunft, die manche Notwendigkeiten vor Eintritt der letzten und unabänderlichen als scheinbare entlarvt, wodurch sie den Fluß des Lebens beengende Barrieren beseitigt.

3 Ähnlich sollte Freud auf unsere Zeit tatsächlich wirken. So schreibt Clark, sein kritischer Biograph (1981: 14): »Über all dem aber steht, von der Seligsprechung der Anhänger ebensowenig berührt wie von den gehässigen Angriffen der Gegner, gelassen, unerschütterlich wie ein Fels und, zumindest in der Öffentlichkeit, äußerst selbstbewußt, die Gestalt Freuds selbst.«

4 Wir verstehen nicht viel von Freud, wenn wir z.B. die Parallelen zwischen ihm und dem Traumdeuter Joseph (Freud 1900) nur darin sehen, daß Freuds Vater ebenso Jakob hieß wie der Josephs, daß Freud ebenso wie Joseph der erste Sohn der jungen Frau eines alternden Mannes war und bei seiner Geburt schon erwachsene Halbbrüder aus einer früheren Verbindung des Vaters antraf, und schließlich, daß Freud hoffte, durch sein Werk *Die Traumdeutung* ähnlich berühmt und bedeutend zu werden wie Joseph am ägyptischen Hof durch seine Kunst, Träume zu deuten. Dieses assoziative Netz ist gleichsam die Oberfläche von Freuds jüdischem Hintergrund, in dem das Wissen über die große Bedeutung der Träume schon immer lebendig war, und der sich in der Ablösung Josephs durch Moses noch klarer artikuliert.

5 Daß die mit der Unterwelt verbundene nächtliche Dunkelheit bei den Griechen eine primär weiblich-mütterliche Bedeutung hatte, bezeugt auch J. Bachofen: »Keine geringere Bedeutung hat eine zweite Äußerung desselben Grundgesetzes, der Prinzipat der Nacht über den aus ihrem Mutterschoße hervorgehenden Tag. Der gynaikokratischen Welt würde das entgegengesetzte Verhältnis völlig zuwiderlaufen. Schon die Alten stellten den Vorzug der Nacht mit dem des Links und beide mit dem Prinzipat des Muttertums auf eine Linie ...« (1975: 20)

6 So hatte Freud beim Abitur Verse aus *König Ödipus* von Sophokles und eine Vergilstelle zu übersetzen, wobei er beide Werke schon durch eigene Lektüre kannte. (Vgl. E. Freud; L. Freud; I. Grubrich-Simitis 1976: 74)

7 Mendel (1972) äußert die interessante Vermutung, daß Freuds zu geringe Beachtung der negativen Mutterimago sich in seinem Begriff

des Todestriebs niedergeschlagen habe, der die klinische Lücke als Spekulation fülle. So gut begründet diese Hypothese auch erscheinen mag, reicht sie trotzdem nicht aus, die Bedingungen zur Konzeption des Todestriebs zu klären. Ohne nun in eine breite Diskussion der Theorie des Todestriebs einzutreten, möchte ich nur feststellen, daß die Parallelisierungen, die Freud zwischen der Libido und dem Todestrieb auf dem Hintergrund der beiden Trieben zugeschriebenen konservativen und regressiven Tendenz vornimmt, offensichtlich falsch sind. Der Libidobegriff beruht auf einer überwältigenden Fülle von klinischen Erfahrungen. Die konservative und regressive Eigenschaft der Libido beruht auf der determinierenden Kraft früherer Erlebnisse, die als unbewußte Erinnerungsspuren psychisch präsent sind und die regressive Bewegung der Libido steuern. Die zur Auflösung lebendiger Einheiten und deren Überführung in die »anorganische Ruhe des Todes« tendierende konservativ-regressive Ausrichtung des Todestriebs hat dafür kein entsprechendes psychologisches Korrelat wie die Libido. Im anorganischen Bereich gibt es keine Erinnerungsspuren, welche den von Freud angenommenen Prozeß zum Anorganischen steuern könnte. Freuds Konzeption ist hinsichtlich der Libido eine psychologische, hinsichtlich des Todestriebs aber nicht.

8 Die mit dem Wechsel von der therapeutischen zur gesellschaftskritischen Position verbundene Änderung des Gegenstandes, der Wahrnehmung und des erkennenden Verhaltens hat Lüders (1984a, b) in der Kontroverse um die von Lohmann (1983) herausgegebene Streitschrift *Das Unbehagen in der Psychoanalyse* differenziert dargestellt. Den berechtigten Aspekt in der von Lüders gegebenen psychologischen Beschreibung der Schwierigkeiten beim Positionswechsel vom Kliniker zum Gesellschaftstheoretiker berücksichtigen seine Kritiker Dahmer, (1984) Rosenkötter (1984) und Michaelis (1984) leider nicht, sondern greifen gleich seine allerdings nicht haltbare Verallgemeinerung an, derzufolge die weitgehende gesellschaftskritische Abstinenz der Psychoanalytiker mehr auf ihre berufsspezifische Eigenart als auf historische Entwicklungen der Psychonanalyse zurückgehe.

9 Trotz der prinzipiell zutreffenden Kritik Parins möchte ich doch vor einer Überdehnung der unter dem Titel »Medicozentrismus« vorgebrachten Vorwürfe warnen. Es ist entscheidend für den Erfolg einer psychoanalytischen Behandlung, daß der Analytiker eine »ärztliche Haltung« in Sinn von Leo Stone (1973) gegenüber seinem Analysanden entwickelt. Diese hat nicht nur reines Verständnis, sondern auch Bereitschaft zur Hilfe als Inhalt, allerdings in unaufdringlicher, nichtmanipulativer Weise. Ich glaube nicht, daß ein Psychoanalytiker die Belastungen einer Analyse aushalten kann, wenn er ausschließlich

nur verstehen will und kein darüber hinausgehendes Interesse an dem Analysanden hat. In Deutschland gehört bekanntlich die psychoanalytisch orientierte Psychotherapie und die Psychoanalyse zur Leistungspflicht der Krankenkassen. Das ist einerseits positiv zu bewerten, weil dadurch der Zugang zu einer psychoanalytischen Therapie nicht mehr nur vom Einkommen des Analysanden abhängt, andererseits aber ist damit die klinische Psychoanalyse Einflüssen ausgesetzt, die nicht ihren emanzipativen Zielen entsprechen. Das beginnt schon bei dem Antrag auf Kassenleistung, der vom Psychoanalytiker einen Bericht fordert, dessen Kriterien sehr durch einen symptomorientierten, konkretistisch auf die Arbeitsfähigkeit festgelegten Krankheitsbegriff geprägt sind. Die therapeutische Beziehung ist durch diese Prozedur von Anfang an nicht unerheblich belastet. Der detailreiche Bericht soll vor Aufnahme der Therapie an den Vertragsarzt gehen. Nun ergibt sich sogleich die Frage, ob der Antrag hinter dem Rücken des Patienten, d.h. ohne daß er ihn kennt, weggeschickt werden oder ob er ihm vorher zugänglich gemacht werden soll. Beide Alternativen sind problematisch. Im ersten Fall verstößt der Analytiker gegen die Abstinenzregel und strukturiert die therapeutische Situation in autoritärer Weise vor, indem er unter Umgehung des Analysanden Kontakt zu einem Dritten aufnimmt. Im zweiten Fall präjudiziert er durch die Mitteilung seiner diagnostischen Überlegungen den therapeutischen Prozeß. Genau genommen, handelt es sich dabei um eine Reihe von vorzeitigen Deutungen, die der Analysand nicht integrieren kann und die seine Spontaneität beeinträchtigen. Obwohl die Aufzählung der Schwierigkeiten sich noch vermehren ließe, erlaubt das soziale Gewissen nicht, die Kassenleistungen kurzerhand abzulehnen. Die Psychoanalytiker können sich kaum anders verhalten, als die durch die Kassenleistung bedingten Modifikationen der psychoanalytischen Methode ohne Beschönigung wahrzunehmen, im Gedächtnis zu behalten und sie – auch wenn sie keine echten Parameter (vgl. K. R. Eissler 1953) sind – als solche zu behandeln, d.h. die unbewußten Bedeutungen, die die Kasseneinflüsse im Laufe des therapeutischen Prozesses annehmen, aufzugreifen und sie durch eine psychoanalytische Bearbeitung in ihrer Wirksamkeit nach Möglichkeit zu mindern.

10 Diese Unsicherheit ist sehr deutlich in den Reihen der deutschen Psychoanalytiker im Hinblick auf den Internationalen Psychoanalytischen Kongreß zu spüren, der im Sommer 1985 nach einem Intervall von 53 Jahren zum ersten Mal wieder in Deutschland stattgefunden hat. Der wunde Kardinalpunkt ist nach wie vor die nationalsozialistische Vergangenheit, die in vieler Hinsicht immer noch der Bewältigung harrt. Die Peinlichkeiten um den Besuch des amerikani-

schen Präsidenten am 8. Mai 1985 in der Gedenkstätte von Bergen-Belsen und vor allem im Soldatenfriedhof von Bitburg werfen ein grelles Licht darauf, wie sehr das nationalsozialistische Kapitel deutscher Geschichte und deren nicht nur historisch, sondern auch psychologisch noch fortwirkende Konsequenzen viel mehr mit Verharmlosung, Entschärfung, also mit Verdrängung, bedacht werden, statt mit kritischer Auseinandersetzung. Wenn ein deutscher Regierungschef immer noch nicht begriffen hat, daß SS-Runen Symbole sind für einen in deutschem Namen begangenen Völkermord, wie ihn in diesem Ausmaß und dieser bürokratisch geplanten Perfektion die Menschheitsgeschichte bisher nicht kannte, und daß die symbolische Bedeutung der Runen sich auch nicht ändert, gleichgültig wie alt der darunter Begrabene ist und welcher Abteilung er angehörte, dann ist das ein symptomatisches Zeichen. Wenn dieser Regierungschef auch noch zu Recht behaupten kann, daß die Mehrheit der Deutschen mit seiner dem amerikanischen Präsidenten aufgedrängten Versöhnungsgeste über den SS-Gräbern einverstanden sei, gehört viel Optimismus dazu, vor dieser Fatalität nicht zu resignieren. So arm ist die Bundesrepublik Deutschland doch noch nicht, daß es in ihr keinen Ort gibt, der vom Nationalsozialismus unverseucht geblieben ist. Die deutschen Psychoanalytiker sind natürlich in die kollektive nationale Abwehrformation eingebettet. In den letzten Jahren haben sie sich in der Gruppe betroffen und persönlich engagiert mit dem Nationalsozialismus auseinandergesetzt, doch muß die entscheidende Arbeit jeder für sich alleine leisten. Das ist auch für Psychoanalytiker sehr schwer, da die Abwehr eine nationale ist, die die Bundesrepublik und die DDR in seltener Eintracht umfaßt. Die Kollektivität der Abwehr macht sie in besonderer Weise ichsynton und daher schwer zu greifen.

## Literatur


Abraham, K. (1909): Zwei Beiträge zur Symbolforschung: Zur symbolischen Bedeutung der Dreizahl; Der »Dreiweg« in der Ödipussage, Imago IX, 1, 122.

Aischylos: Orestie. Griech. u. deutsch. In: Oskar Werner (Hsrg.): Aischylos Tragödien und Fragmente, S. 5-251. München: Heimeran.

Anselm, S. (1983): Freud als Aufklärer. In: H. M. Lohmann (Hrsg.): Das Unbehagen in der Psychoanalyse. Frankfurt: Qumran.

Anzieu, D. (1959): L'auto-analyse de Freud et la découverte de la Psychanalyse. Paris: P.U.F. 1975.

Argelander, H. (1976): Die klinische Bedeutung des primären Narzißmus. Jahrb. d. Psychoanalyse, Bd. IX (Hrsg. Käte Dräger u.a.), S. 7-22. Bern, Stuttgart: Huber.

– (1979): Die kognitive Organisation psychischen Geschehens, Stuttgart: Klett-Cotta.

Arlow, J. A. (1961): Ego psychology and the study of mythology. J. Amer. Psychoanal. Ass., Vol. 17, 371-393.

Atkins, N. B. (1970): The Oedipus myth, adolescence an the succession of generations. J. Amer. Psychoanal. Ass., Vol. 18, 860-875.

Bachofen, J. J. (1861): Das Mutterrecht. Basel. Neu hrsg. von H. J. Heinrichs, Frankfurt: Suhrkamp 1975.

Beres, D. (1960): Perception, imagination and reality. Int. J. Psychoanal. 41, 327-334.

Bernfeld, S. (1962): Über die psychoanalytische Ausbildung. Psyche 38 (1984), 437-460.

Bloch, E. (1959): Das Prinzip Hoffnung. Frankfurt: Suhrkamp 1973.

Blumenberg, H. (1979): Arbeit am Mythos. Frankfurt: Suhrkamp.

Borkenau, F. (1957): Zwei Abhandlungen zur griechischen Mythologie. Psyche 11, 1, 1-27.

Brainin, E.; Kaminer, I. (1982): Psychoanalyse und Nationalsozialismus. In: H. M. Lohmann (Hrsg.): Psychoanalyse und Nationalsozialismus, 86-109.

Bräutigam, W. (1984): Rückblick auf das Jahr 1942. Betrachtungen eines psychoanalytischen Ausbildungskandidaten des Berliner Institutes der Kriegsjahre. Psyche 38, 905-915.

Brede, K. (1976): Der Trieb als humanspezifische Kategorie. Psyche 30, 6, 474-502.

Brocher, T. (1970): Aktuelle Probleme der psychoanalytischen Ausbildung in den USA. Psyche 24, 611-638.

Burckhardt, J. (1902): Griechische Kulturgeschichte. München: Deutscher Taschenbuch-Verlag 1982.
Buslepp, I. (1924): Artikel über Teiresias in Roschers Lexikon der griechischen u. römischen Mythologie. Bd. V, L, S. 178-207. Leipzig: 1916-24.
Clark, R. W. (1979): Sigmund Freud. Frankfurt: S. Fischer 1981.
Cocks, G. C. (1983): Psychoanalyse, Psychotherapie und Nationalsozialismus. Psyche 37, 1057-1106.
Colli, G. (1974): Nach Nietzsche. Frankfurt: Europäische Verlagsanstalt 1980.
– (1975): Die Geburt der Philosophie. Frankfurt: Europäische Verlagsanstalt 1981.
Corneille, P. (1659): Ödipus. In: Kerényi, K. (Hrsg.): Ödipus, S. 161-216. München, Wien: Langen, Müller 1968.
Dahmer, H. (1973): Libido und Gesellschaft. Frankfurt: Suhrkamp.
– (1983): Die eingeschüchterte Psychoanalyse. Aufgaben eines psychoanalytischen Forschungsinstituts heute. In: H. M. Lohmann (Hrsg.): Das Unbehagen in der Psychoanalyse, S. 24-40. Frankfurt: Qumran.
– (1984): Noch mehr Unbehagen ... Anmerkungen zu dem Artikel von Wolfram Lüders. Entwicklung der Psychoanalyse. Psyche 38, 7, 598-599.
Deleuze, G.; Guattari, F. (1972): Anti-Ödipus. Frankfurt: Suhrkamp 1974.
Demisch, H. (1977): Die Sphinx. Geschichte ihrer Darstellung von den Anfängen bis zur Gegenwart: Stuttgart: Urachhaus.
Devereux, G. (1953): Why Oedipus killed Laius: A note on the Complementary Oedipus Complex. Internat. J. Psychoanal. 34, 132-141.
– (1967): Angst und Methode in den Verhaltenswissenschaften. Frankfurt: Suhrkamp 1984.
Dräger, K. (1971): Bemerkungen zu den Zeitumständen und zum Schicksal der Psychoanalyse und der Psychotherapie in Deutschland zwischen 1933 und 1949. In: H. M. Lohmann (Hrsg.): Psychoanalyse und Nationalsozialismus, S. 41-54. Frankfurt: S. Fischer 1984.
Durant, W. (1939): Die Kulturgeschichte der Menschheit, Bd. 4, 5, 6 (Das Leben Griechenlands) Lausanne: Editions Recontre.
Eissler, K. R. (1953): The effect of the structure of ego on psychoanalytic technique. J. Am. Psychoanal. Ass., I, 104-145.
Eliade, M. (1961): Mythen, Träume und Mysterien. Salzburg: Müller.
Erdheim, M. (1982): Die gesellschaftliche Produktion von Unbewußtheit. Frankfurt: Suhrkamp 1983.
– (1983): Über das Lügen und die Unaufrichtigkeit des Psychoanalytikers. In: H. M. Lohmann (Hrsg.): Das Unbehagen in der Psychoanalyse, S. 10-17. Frankfurt: Qumran.

Erikson, E. H. (1950): Kindheit und Gesellschaft. Stuttgart: Klett 1964.
– (1954): Das Traummuster der Psychoanalyse. Psyche 15, 1955, 561-604.
Euripides: Die Phönikerinnen. In: Adolf Seeck (Hrsg.): Euripides. Sämtliche Tragödien u. Fragmente. Griech. u. deutsch. Bd. IV, 340-463. München: Heimeran 1972.
– Ödipus (Fragment). In: Adolf Seeck (Hrsg.): Euripides. Sämtliche Tragödien u. Fragmente. Griech. u. deutsch. Bd. VI, 235-240. München: Heimeran 1981.
Fenichel, O. (1946): Psychoanalytische Neurosenlehre. Olten, Freiburg: Walter 1974.
Ferenczi, S. (1912): Symbolische Darstellung des Lust- und Realitätsprinzips im Ödipusmythos. Imago I, 3, 276-284.
Fink, E. (1960): Nietzsches Philosophie. Stuttgart: Kohlhammer.
Frank, M. (1982): Der kommende Gott. Vorlesungen über die Neue Mythologie. Frankfurt: Suhrkamp.
Freud, E.; Freud, L.; Grubrich-Simitis, I. (1976): Sigmund Freud. Frankfurt: Suhrkamp.
Freud, S. (1887 - 1902): Aus den Anfängen der Psychoanalyse. Briefe an Wilhelm Fließ, Abhandlungen und Notizen. London: Imago 1950.
– (1900): Die Traumdeutung. G. W. II/III.
– (1905): Drei Abhandlungen zur Sexualtheorie. G. W. V.
– (1907): Zur sexuellen Aufklärung der Kinder. G. W. VII.
– (1908): Der Dichter und das Phantasieren. G. W. VII.
– (1908a): Über infantile Sexualtheorien. G. W. VII.
– (1912/13): Totem und Tabu. G. W. IX.
– (1914): Zur Einführung des Narzißmus. G. W. X.
– (1914a): Der Moses des Michelangelo. G. W. X.
– (1917): Eine Kindheitserinnerung aus ›Dichtung und Wahrheit‹. G. W. XII.
– (1917/18): Vorlesungen zur Einführung in die Psychoanalyse. G. W. XI.
– (1918): Aus der Geschichte einer infantilen Neurose. G. W. XIII.
– (1919): Das Unheimliche. G. W. XII.
– (1920): Jenseits des Lustprinzips. G. W. XIII.
– (1921): Massenpsychologie und Ichanalyse. G. W. XIII.
– (1923): Die infantile Genitalorganisation. G. W. XIII.
– (1924): Der Untergang des Ödipuskomplexes. G. W. XIII.
– (1925): Selbstdarstellung. G. W. XIV.
– (1925a): Einige psychische Folgen des anatomischen Geschlechtsunterschieds. G. W. XIV.
– (1926): Die Frage der Laienanalyse. G. W. XIV.
– (1927): Die Zukunft einer Illusion. G. W. XIII.

– (1930): Das Unbehagen in der Kultur. G. W. XIV.
– (1931): Über die weibliche Sexualität. G. W. XIV.
– (1932): Neue Folge der Vorlesungen zur Einführung in die Psychoanalyse. G. W. XV.
– (1937): Die endliche und die unendliche Analyse. G. W. XVI.
– (1938): Some Elementary Lessons in Psycho-Analysis. G. W. XVII.
– (1939): Der Mann Moses und die monotheistische Religion. G. W. XVI.
Freud, S.; Abraham, K. (1907 - 1926): Briefe. Hrsg. Abraham. H. C.; Freud, E. L.: Frankfurt: S. Fischer 1965.
Freud, S.; Breuer, J. (1895): Studien über Hysterie. Frankfurt: Fischer Bücherei 1970.
Freud, S.; Jung, C. G. (1974): Sigmund Freud / C. G. Jung – Briefwechsel. Frankfurt: S. Fischer.
Freud, S.; Zweig, A. (1927 - 1939): Briefwechsel. Hrsg. E. Freud. Frankfurt: Fischer 1968.
Fromm, E. (1957): Märchen, Mythen und Träume. Zürich: Diana.
Geisau, von, H. (1979): Artikel über die Sphinx. In: K. Ziegler, W. Sontheimer (Hrsg.): Der Kleine Pauly, Lexikon der Antike in fünf Bänden, Bd. 5, S. 308-309. München: Deutscher Taschenbuchverlag.
– (1979): Artikel über Typhon (Typheus). In: K. Ziegler, W. Sontheimer (Hrsg.): Der Kleine Pauly. Lexikon der Antike in fünf Bänden, Bd. 5, S. 1022-1023. München: Deutscher Taschenbuchverlag.
Gitelson, M. (1963): Zur gegenwärtigen wissenschaftlichen und sozialen Position der Psychoanalyse. Psyche 18, 1964, 1-13.
Grunberger, B. (1982): Von der Analyse des Ödipus zum Ödipus des Analytikers. Psyche 36, 6, 515-540.
Grunert, J. (1975): Freud und Irma. Zum Initialtraum der Psychoanalyse. Psyche 8, 29, 721-745.
Habermas, J. (1971): Erkenntnis und Interesse. Frankfurt: Suhrkamp.
– (1983): Die Verschlingung von Mythos und Aufklärung. Bemerkungen zur *Dialektik der Aufklärung* – nach einer erneuten Lektüre. In: K. H. Bohrer (Hrsg.): Mythos und Moderne, S. 505-432. Frankfurt: Suhrkamp 1983.
Heimann, P. (1950): On counter-transference. Internat. J. Psycho-Anal. 31, 1-84.
Heinrichs, H. J. (Hrsg.) (1975): Materialien zu Bachofens ›Das Mutterrecht‹. Frankfurt: Suhrkamp.
Heinrich, K. (1982): Parmenides und Jona. Basel, Frankfurt: Stroemfeld/Roter Stern.
Heraklit: Fragmente. In: H. Diels (Hrsg.): Die Fragmente der Vorsokratiker, S. 21-32. Hamburg: Rowohlt 1957.

Höfer (1909): Artikel über Ödipus und die Sphinx. In: Roschers Lexikon der griechischen und römischen Mythologie, Bd. III, 1, L, S. 715-746. Leipzig: 1915.
Homer: Odyssee. Griech. u. deutsch, übertr. von Anton Weiher. München: Heimeran 1955.
– Ilias. Griech. u. deutsch., übertr. von Rupé-Stegemann-Höhne. München: Heimeran 1970.
– Hymnen. Griech. u. deutsch., herausgegeben von Anton Weiher. München: Heimeran 1970.
Horkheimer, M.; Adorno, Th. W. (1947): Dialektik der Aufklärung. Amsterdam: Querido Verl.
Horney, K. (1932): Die Angst vor der Frau: Internat. Zschr. f. Psychoanalyse, Bd. XVIII, 5-18.
Ilberg (1915): Artikel über die Sphinx in: Roschers Lexikon der griechischen und römischen Mythologie, Bd. IV, L, 1298-1410. Leipzig 1915.
Jones, E. (1919): Die Theorie der Symbolik. I. - III. Teil. Internat. Zschr. f. Psychoanal., Bd. V, 244-273.
– (1922): Die Theorie der Symbolik. IV. Teil. Internat. Zschr. f. Psychoanal., Bd. VIII, 259-289.
– (1928): Die erste Entwicklung der weiblichen Sexualität. Internat. Zschr. f. Psychoanal. XIV, 11-25.
– (1932): Die phallische Phase. Internat. Zschr. f. Psychoanal. 1933, XIX, 322-357. In: Jones, E. (1978): Die Theorie der Symbolik und andere Aufsätze, S. 262-302. Frankfurt, Berlin: Ullstein.
– (1960 - 1962): Das Leben und Werk von Sigmund Freud, Bd. I, II, III. Bern, Stuttgart: Huber.
Jung, C. G. (1913): Symbole der Wandlung. Ges. W., Bd. 5. Olten: Walter 1973.
Jung, C. G.; Jaffe, A. (1961): Erinnerungen, Träume, Gedanken von C. G. Jung. Olten, Freiburg/Breisgau: Walter 1976.
Kallimachos von Kyrene: Hymnos auf Apollon. In: C. Fischer (Hrsg.): Antike Lyrik, S. 238-241. Winkler Verlag 1964.
Kanzer, M. (1950): The Oedipus Trilogy. Psychoanal. Quart. 19, 561-572.
– (1964): On interpreting the Oedipus plays. The Psychoanalytic Study of Society, 3, 26-38. New York: Internat. Universities Press.
Kennel, K. (1984): Überlegungen zur Frage der Laienanalyse. In: H. M. Lohmann (Hrsg.): Die Psychoanalyse auf der Couch, S. 208-221. Frankfurt: Qumran.
Kerényi, K. (1943): Vater Helios. Eranos Jahrb. Bd. X, 81-110.
– (1945): Apollon – Epiphanien. Eranos Jahrb., Bd. XIII, 11-49.
– (1951): Die Mythologie der Griechen I. Die Götter-Geschichten. Zürich: Rhein 1964.

– (1958): Die Mythologie der Griechen II. Die Heroen-Geschichten. Zürich: Rhein.
– (1962): Die Mysterien von Eleusis. Zürich: Rhein.
– (1966): Humanistische Seelenforschung. München, Wien: Langen, Müller.
– (1967): Auf Spuren des Mythos. München, Wien: Langen, Müller.
– (1969): Tage- und Wanderbücher (1953 - 1960). München, Wien: Langen, Müller.
– (1971): Antike Religion. München, Wien: Langen, Müller.
Klages, L. (1929): Der Geist als Widersacher der Seele. Bonn: Bouvier 1954.
Klein, M. (1946): Das Seelenleben des Kleinkindes und andere Beiträge zur Psychoanalyse. Reinbek: Rowohlt 1972.
Kohut, H. (1973): Der Psychoanalytiker in der Gemeinde der Wissenschaftler. In: J. vom Scheidt (Hrsg.): Psychoanalyse. Selbstdarstellung einer Wissenschaft, S. 158-199. München: Nymphenburger Verlagsbuchhandlung 1975.
Kolakowski, L. (1972): Die Gegenwärtigkeit des Mythos. München, Zürich: Piper 1973.
Krüll, M.: (1979): Freud und sein Vater. München: Beck.
Kubie, L. (1950): The Dilemma of the Analyst in a troubled world. Bull. of Amer. Psychoanal. Ass. 6, Nr. 4.
– (1958): Psychoanalyse und Genie. Reinbek: Rowohlt 1966.
Kurnitzky, H. (1978): Ödipus. Ein Held der westlichen Welt. Berlin: K. Wagenbach.
Leithäuser, Th. (1985): Psychische Widerstände und moralische Probleme in der Arbeit von Ingenieuren. Vortrag.
Lévi-Strauss, C. (1958): Strukturale Anthropologie. Frankfurt: Suhrkamp 1978.
– (1964): Mythologica I. Das Rohe und das Gekochte. Frankfurt: Suhrkamp 1976.
– (1966): Mythologica II. Vom Honig zur Asche. Frankfurt: Suhrkamp 1976.
– (1968): Mythologica III. Der Ursprung der Tischsitten. Frankfurt: Suhrkamp 1976.
– (1971): Mythologica IV. Der nackte Mensch (1 u. 2). Frankfurt: Suhrkamp 1976.
Little, M. (1951): Countertransference and the patient's response to it. Internat. J. Psychoanal. 32, 3240.
Lohmann, H. M., Rosenkötter, L. (1982): Psychoanalyse in Hitlerdeutschland. Wie war es wirklich? In: H. M. Lohmann (Hrsg.): Psychoanalyse und Nationalsozialismus, S. 54-78. Frankfurt: Fischer 1984.

– (1983): Nachtrag zu unserem Beitrag ›Psychoanalyse in Hitlerdeutschland‹. In: H. M. Lohmann (Hrsg.): Psychoanalyse und Nationalsozialismus, S. 78-86. Frankfurt: Fischer 1984.
Lorenzer, A. (1970a): Kritik des psychoanalytischen Symbolbegriffes. Frankfurt: Suhrkamp.
– (1970b): Sprachzerstörung und Rekonstruktion. Frankfurt: Suhrkamp.
– (1974): Die Wahrheit der psychoanalytischen Erkenntnis. Frankfurt: Suhrkamp.
– (1981): Das Konzil der Buchhalter. Frankfurt: Europäische Verlagsanstalt.
Lüders, W. (1984): Das Unbehagen in der Psychoanalyse und das Unbehagen an ihrer Kritik. Psyche 38, 7, 585-597.
– (1984a): Anmerkungen zu den Artikeln von Helmut Dahmer, Lutz Rosenkötter und Detlef Michaelis. Psyche 38, 11, 1053-1057.
Mann, Th. (1936): Freud und die Zukunft. In: Freud, S.: Abriß der Psychoanalyse, S. 193-222. Frankfurt: Fischer-Bücherei 1956.
Marcuse, H. (1955): Triebstruktur und Gesellschaft. Frankfurt: Suhrkamp 1969.
Masson, J. M. (1984): Was hat man dir, du armes Kind getan? Sigmund Freuds Unterdrückung der Verführungstheorie. Reinbek: Rowohlt.
Mendel, G. (1969): Die Generationenkrise. Frankfurt: Suhrkamp 1972.
Menne, K. (1976): Ein verstehender Zugang zum Unbewußten? Psyche 30, 6, 534-553.
Michaelis, D. (1984): Noch mehr Unbehagen ... Anmerkungen zu dem Artikel von Wolfram Lüders. Methode als Alibi. Psyche 38, 7, 601-604.
Miller, A. (1981): Du sollst nicht merken. Frankfurt: Suhrkamp.
Mitscherlich, A.; Mitscherlich, M. (1967): Die Unfähigkeit zu trauern. München: Piper.
Mitscherlich, A. (1963): Auf dem Weg zur vaterlosen Gesellschaft. Ges. W. Bd. III, Frankfurt: Suhrkamp 1983.
Mitscherlich, M. (1978): Sexualität und Unterdrückung der Frau. In: M. Mitscherlich: Das Ende der Vorbilder. 69-84, München: Piper 1982.
Moersch, E. (1976): Symbol, Repräsentanz, Primärprozeß. Psyche 30, 6, 503-533.
Nietzsche, F. (1871): Die Geburt der Tragödie. Stuttgart: Kröner 1955.
– (1882): Die fröhliche Wissenschaft. Stuttgart: Kröner 1950.
– (1885): Also sprach Zarathustra. Leipzig: Kröner 1930.
– (1888): Der Wille zur Macht. Nietzsches Werke, Bd. VII, Berlin-Leipzig: Deutsches Verlagshaus Bong & Co. 1931.

Otto, W. F. (1955): Die Gestalt und das Sein. Darmstadt: Wissenschaftl. Buchges. 1974.
– (1960): Dionysos. Frankfurt: Klostermann.
– (1961): Die Götter Griechenlands. Frankfurt: Schulte-Bulmke 1970.
– (1962): Mythos und Welt. Stuttgart: Klett.
Parin, P.; Parin-Matthèy, G. (1983): Medicozentrismus in der Psychoanalyse. Eine notwendige Revision der Neurosenlehre und ihre Relevanz für die Theorie der Behandlungstechnik. In: S. O. Hoffmann (Hrsg.): Deutung und Beziehung. Frankfurt: S. Fischer.
Pindar: Siegesgesänge und Fragmente. Griech. u. deutsch, herausgegeben u. übers. von Oskar Werner. München: Heimeran 1967.
Platen, von, A. (1828): Der Romantische Ödipus. In: Kerényi, K. (Hrsg.): Ödipus, S. 259-311. Wien, München: Langen, Müller 1968.
Pohlen, M. (1984): Psychoanalyse als Mantik. In: H. M. Lohmann (Hrsg.): Die Psychoanalyse auf der Couch. Frankfurt: Qumran.
Pohlen, M.; Wittmann, L. (1980): ›Die Unterwelt bewegen‹. Versuch über Wahrnehmung und Phantasie in der Psychoanalyse. Frankfurt: Syndikat.
Racker, H. (1959): Übertragung und Gegenübertragung. München, Basel: Reinhardt 1978.
Rangell, L. (1976): Gelassenheit und andere menschliche Möglichkeiten. Frankfurt: Suhrkamp.
Rank, O. (1909): Der Mythos von der Geburt des Helden. Leipzig, Wien: Deuticke.
– (1912): Das Inzest-Motiv in Dichtung und Sage. Unveränd. Nachdruck der 2. Aufl. bei Deuticke (Wien, Leipzig) 1926. Darmstadt: Wissenschaftl. Buchgesellsch. 1974.
Reik, Th. (1920): Ödipus und die Sphinx. Imago, VI, 2, 95-131.
Richter, H. E. (1963): Eltern, Kind, Neurose. Stuttgart: Klett.
– (1979): Der Gotteskomplex. Reinbek: Rowohlt.
– (1981): Alle reden vom Frieden. Reinbek: Rowohlt.
Robert, M. (1975): Sigmund Freud – zwischen Moses und Ödipus. Frankfurt, Berlin, Wien: Ullstein 1977.
Róheim, G. (1934): The Riddle of the Sphinx. London: Hogarth Press. Neuabdruck: New York, Evanston, San Francisco, London: Harper and Row 1974.
– (1952): The gates of the dream. New York: Internat. Universities Press 1979.
Roscher (1897): Artikel über Apollo in Roschers Lexikon der griechischen u. römischen Mythologie, S. 422-442. Leipzig: 1894-1915.
Rose, H. (1969): Griechische Mythologie. München: Beck.

Rosenkötter, L. (1984): Schattenseiten der psychoanalytischen Ausbildung. In: H. M. Lohmann (Hrsg.): Psychoanalyse auf der Couch, S. 221-234. Frankfurt: Qumran.
– (1984a): Noch mehr Unbehagen ... Anmerkungen zu dem Artikel von Wolfram Lüders. Gesellschaftsfeindlich? Psyche 38, 7, 600-601.
Sandler, J.; Nagera, H. (1963): Einige Aspekte der Metapsychologie der Phantasie. Psyche 20, 1966, 188-221.
Schachermeyer, F. (1964): Die minoische Kultur des alten Kreta. Stuttgart, Berlin, Köln, Mainz: Kohlhammer 1979.
Schlesier, R. (1981): Konstruktionen der Weiblichkeit bei Sigmund Freud. Frankfurt: Europäische Verlagsanstalt.
Schmid-Noerr, G. (1982): Psychoanalytische Mythendeutung. Psyche 36, 7, 577-608.
Schülein, J. A. (1978): Das Gesellschaftsbild der Freudschen Theorie. Frankfurt, New York: Campus.
Schulte, G. (1982): ›Ich impfe euch mit dem Wahnsinn‹. Frankfurt: Qumran.
Schur, M. (1972): Sigmund Freud. Leben und Sterben. Frankfurt: Suhrkamp 1977.
Seneca, L. A.: König Ödipus. In: Kerényi, K. (Hrsg.): Ödipus, S. 118-158. München, Wien: Langen, Müller 1968.
Sophokles: Antigone. In: Sophokles: Tragödien und Fragmente, griechisch u. deutsch (herausgegeben u. übers. von W. Willige, überarb. von K. Bayer), S. 240-321. München: Heimeran 1966.
– König Ödipus. In: Sophokles: Tragödien und Fragmente, griech. u. deutsch (herausgegeben u. übers. von W. Willige, überarb. von K. Bayer), S. 356-449. München: Heimeran.
– Ödipus auf Kolonos. In: Sophokles: Tragödien und Fragmente, griech. u. deutsch (herausgegeben u. übers. von W. Willige, überarb. von K. Bayer), S. 642-751. München: Heimeran.
Speier, S. (1983): Gedanken zur Ausbildung oder Wie man Analytiker wird. In: H. M. Lohmann (Hrsg.): Das Unbehagen in der Psychoanalyse, S. 104-111. Frankfurt: Qumran.
Stern, M. (1964): Ego psychology, myth and rite: remarks about the relationship of the individual and the group. The psychoanalytic Study of Society, 3, S. 71-94. New York: Internat. Universities Press.
Sterren, van der, D. (1948): Ödipus. München: Kindler 1974.
Stone, L. (1961): Die psychoanalytische Situation. Frankfurt: Fischer 1973.
Sulloway, F. J. (1979): Freud. Biologe der Seele. Jenseits der psychoanalytischen Legende. Köln-Lövenich: Hohenheim 1982.
Tarachow, S. (1964): Mythology and ego psychology. The Psychoanalytic Study of Society, 3, S. 9-12. New York: Internat. Universities Press.

Thomson, G. (1949): Frühgeschichte Griechenlands und der Ägäis. Westberlin: Das Europäische Buch 1980.
Vergil: Aeneis. Lateinisch-Deutsch. Herausgegeben u. übers. von J. Götte (1955). München: Heimeran 1980.
Vogt, R. (1984): Votum zur Podiumsdiskussion: Psychoanalyse unter Hitler – Psychoanalyse heute. Herbsttagung der DPV 1984 (erscheint im Tagungsbericht).
Volmerg, B. (1984): Buchbesprechung: H. M. Lohmann (Hrsg.): Die Psychoanalyse auf der Couch. In: Psychosozial 23. Der Spiegel des Fremden, S. 156-166. Reinbek: Rowohlt.
Voltaire, F. M. (1718): Ödipus. In: Kerényi, K. (Hrsg.): Ödipus, S. 217-258. München, Wien: Langen, Müller 1968.
Waldeck, R. (1982): Freud vor der Sphinx. Neue Rundschau, 4, S. 23-37.
Waelder, R. (1955): Psychoanalytische Gesellschaften: ihre Aufgaben und Gefahren. Psyche 10, 1957, 677-687.
Winnicott, D. W. (1958): Von der Kinderheilkunde zur Psychoanalyse. München: Kindler 1976.
Ziferstein, I. (1970): Der Psychoanalytiker vor den Problemen der Gesellschaft. Psyche 24, 541-552.

**Bitte umblättern:**

fi 1

## Sigmund Freud
## Einzelbände im Taschenbuch

**Abriß der Psychoanalyse / Das Unbehagen in der Kultur**
Band 6043

**Analyse der Phobie eines fünfjährigen Knaben**
Falldarstellung
»Der kleine Hans«. Band 6715

**Beiträge zur Psychologie des Liebeslebens und andere Schriften.** Band 6732

**Bruchstück einer Hysterie-Analyse.** Band 6736

**Darstellungen der Psychoanalyse.** Band 6016

**Drei Abhandlungen zur Sexualtheorie**
**Und verwandte Schriften**
Band 6044

**Hemmung, Symptom und Angst**
Band 6734

**Das Ich und das Es**
**Und andere metapsychologische Schriften**
Band 6394

**Eine Kindheitserinnerung des Leonardo da Vinci**
Band 5705

**Der Mann Moses und die monotheistische Religion**
Band 6300

**Massenpsychologie und Ich-Analyse / Die Zukunft einer Illusion.** Band 6054

**Neue Folge der Vorlesungen zur Einführung in die Psychoanalyse**
Band 6390

**Zur Psychopathologie des Alltagslebens.** Band 6079

**»Selbstdarstellung«**
Schriften zur Geschichte der Psychoanalyse. Band 6096

**Totem und Tabu.** Band 6053

**Die Traumdeutung.** Band 6344

**Über Träume und Traumdeutungen.** Band 6073

**Vorlesungen zur Einführung in die Psychoanalyse**
Band 6348

**Der Wahn und die Träume in W. Jensens »Gradiva«**
**mit dem Text der Erzählung von Wilhelm Jensen**
Band 6172

**Der Witz und seine Beziehung zum Unbewußten.** Band 6083

**Zwei Falldarstellungen**
**Der Rattenmann / Der Fall Schreber**
Band 6745

**Sigmund Freud / Josef Breuer**
**Studien über Hysterie**
Band 6001

**Muriel Gardiner (Hg.)**
**Der Wolfsmann vom Wolfsmann**
Band 6794

## Sigmund Freud
## Briefausgaben

**Briefe 1873–1939**
*Herausgegeben von*
*Ernst und Lucie Freud*

**Sigmund Freud /**
**Karl Abraham**
**Briefe 1907–1926**
*Herausgegeben von*
*Hilda C. Abraham und*
*Ernst L. Freud*

**Sigmund Freud /**
**Lou Andreas-Salomé**
**Briefwechsel**
*Herausgegeben von*
*Ernst Pfeiffer*

**Sigmund Freud**
**Brautbriefe**
Briefe an Martha Bernays
aus den Jahren 1882–1886
*Herausgegeben von*
*Ernst L. Freud*
*Fischer Taschenbuch*
*Band 6733*

**Briefe an Wilhelm Fließ**
**1887–1904**
*Ungekürzte Ausgabe*
*Herausgegeben von*
*Jeffrey Moussaieff Masson*

**Sigmund Freud /**
**Georg Groddeck**
**Briefe über das Es**
*Herausgegeben von*
*Margaretha Honegger*
*Fischer Taschenbuch*
*Band 6790*

**Sigmund Freud /**
**C. G. Jung. Briefwechsel**
*Herausgegeben von*
*William McGuire und*
*Wolfgang Sauerländer*
*und gekürzte Ausgabe als*
*Fischer Taschenbuch*
*Band 6775*

**Sigmund Freud /**
**Oskar Pfister**
**Briefe 1909–1939**
*Herausgegeben von*
*Ernst L. Freud*
*und Heinrich Meng*

**Sigmund Freud /**
**Edoardo Weiss**
**Briefe zur psycho-**
**analytischen Praxis**
*Mit den Erinnerungen*
*von Edoardo Weiss*

**Sigmund Freud /**
**Arnold Zweig. Briefwechsel**
*Herausgegeben von*
*Ernst L. Freud und als*
*Fischer Taschenbuch*
*Band 5629*

**Stefan Zweig**
**Briefwechsel**
*mit Hermann Bahr,*
*Sigmund Freud,*
*Rainer Maria Rilke und*
*Arthur Schnitzler*

**S. Fischer · Fischer Taschenbuch Verlag**

fi 78 / 3

## Sigmund Freud
## Übersicht der Übertragungsneurosen
## Ein bisher unbekanntes Manuskript

Ediert und mit einem Essay versehen von Ilse Grubrich-Simitis
Vollständiges Faksimile, mit einer Abbildung, Leinen, 128 Seiten.

Während des Ersten Weltkriegs schrieb Freud an einer Serie von zwölf grundlegenden Abhandlungen, die er unter dem Titel ›Zur Vorbereitung einer Metapsychologie‹ als Buch herausbringen wollte. Doch gelangten lediglich fünf der Aufsätze an die Öffentlichkeit, darunter die klassischen Schriften ›Das Unbewußte‹ und ›Trauer und Melancholie‹, so Freud-Kenner, müsse von größtem Gewicht gewesen sein.

Überraschend wurde jetzt der Entwurf zur zwölften dieser metapsychologischen Abhandlungen, betitelt ›Übersicht der Übertragungsneurosen‹, entdeckt. Die als vollständiges Faksimile abgedruckte Handschrift u. a. eine ›phylogenetische Phantasie‹, in der Freud – angeregt durch Sándor Ferenczis metabiologische Studien – kühn über die evolutionären Anfänge der Neurosen und Psychosen spekuliert.

Die Erstveröffentlichung bringt neben der wortgetreuen Transkription und einer mit zahlreichen Anmerkungen versehenen edierten Fassung einen begleitenden Essay der Herausgeberin.
Unter Verwendung unveröffentlichter Brief-Quellen erhellt sie darin den biographischen, den Werk- und den wissenschaftsgeschichtlichen Kontext des Manuskripts.

## Fischer Wissenschaft

Eine Auswahl

Ernst Cassirer
**Der Mythus des Staates**
*Band 7351*

Ernst Robert Curtius
**Kritische Essays zur europäischen Literatur**
*Band 7350*

Robert Darnton
**Literaten im Untergrund**
Lesen, Schreiben und Publizieren
im vorrevolutionären Frankreich
*Band 7412*

Mary Douglas
**Ritual, Tabu und Körpersymbolik**
Sozialanthropologische Studien
in Industriegesellschaft und Stammeskultur
*Band 7365*

Heidrun Hesse
**Vernunft und Selbstbehauptung**
*Band 7343*

Max Horkheimer
**Zur Kritik der instrumentellen Vernunft**
*Band 7355*

Martin Jay
**Dialektische Phantasie**
*Band 6546*

# Fischer Wissenschaft
Eine Auswahl

Alfred Lorenzer
**Das Konzil der Buchhalter**
Die Zerstörung der Sinnlichkeit
Eine Religionskritik
*Band 7340*

Bronislaw Malinowski
**Magie, Wissenschaft und Religion /**
**Und andere Schriften**
*Band 7335*

Herfried Münkler
**Machiavelli**
Die Begründung des politischen Denkens der Neuzeit aus der Krise der Republik Florenz
*Band 7342*

Jean Piaget
**Biologie und Erkenntnis**
Über die Beziehungen zwischen organischen Regulationen und kognitiven Prozessen
*Band 7333*

Marthe Robert
**Das Alte im Neuen**
Von Don Quichotte zu Franz Kafka
*Band 7346*

Viktor Šklovskij
**Theorie der Prosa**
*Band 7339*

**Fischer Taschenbuch Verlag**

fi 406/3b

*Fritz Morgenthaler*

## *Der Traum*

*Fragmente zur Theorie und Technik der Traumdeutung*

Mit Zeichnungen des Autors
Hrsg. von Paul Parin, Goldy Parin-Matthèy, Mario Erdheim, Ralf Binswanger und Hans-Jürgen Heinrichs
212 Seiten
ISBN 3-88655-215-2

Eine Traumerzählung in einer Analysestunde ist in erster Linie ein Geschenk des Analysanden an den Analytiker, ein Vorgang, der beiden emotional nahegeht. Der Analytiker muß in der Lage sein, sich emotional auf dieses Geschenk einzulassen und es gleichzeitig zulassen können, daß er zunächst gar nicht versteht, was da geschieht.

Fritz Morgenthalers Umgang mit Träumen ist konventionell und revolutionär zugleich. Zum einen versteht er sich in strikter Folge von Freuds Traumdeutung, zum anderen möchte er gerade tun, was bei Freud nur als Hinweis auftaucht; zuerst auf die Begleitumstände jeder Traumerzählung zu achten, wie der Analysand die Situation des Traums und der Erzählung erlebt und wie dies auf den Analytiker wirkt. Morgenthaler geht es um eine Psychologie des Erlebens, also nicht nur um inhaltsbezogene Traumdeutung, sondern auch um Traumdiagnostik, die ihr Augenmerk auf die Funktion des Traumgeschehens lenkt.